ANA PAULA GIMENEZ
EU ACHAVA QUE ERA AMOR

ANA PAULA GIMENEZ
EU ACHAVA QUE ERA AMOR

UM GUIA PARA SAIR DE UM RELACIONAMENTO ABUSIVO E VOLTAR A (SE) AMAR

academia

Copyright © Ana Paula Gimenez, 2023
Copyright © Editora Planeta do Brasil, 2023
Todos os direitos reservados.

Este livro foi escrito em maio de 2023. Após essa data, podem ter ocorrido alterações na lei. Procure sempre orientação jurídica.

Organização de conteúdo: Gabriela Ghetti
Preparação: Fernanda Simões Lopes
Revisão: Caroline Silva e Thayslane Ferreira
Projeto gráfico: Anna Yue
Diagramação: Anna Yue e Francisco Lavorini
Capa: Camila Catto

Dados Internacionais de Catalogação na Publicação (CIP)
Angélica Ilacqua CRB-8/7057

> Gimenez, Ana Paula
>   Eu achava que era amor : um guia para sair de um relacionamento abusivo e voltar a (se) amar / Ana Paula Gimenez. - São Paulo : Planeta do Brasil, 2023.
>   192 p.
>
>   ISBN: 978-85-422-2461-0
>
>   1. Abuso psicológico 2. Relacionamentos 3. Comportamento manipulador I. Título
>
> 23-5823   CDD 362.8292

Índice para catálogo sistemático:
1. Abuso psicológico

Ao escolher este livro, você está apoiando o manejo responsável das florestas do mundo

2023
Todos os direitos desta edição reservados à
EDITORA PLANETA DO BRASIL LTDA.
Rua Bela Cintra, 986, 4º andar – Consolação
São Paulo – SP – CEP 01415-002
www.planetadelivros.com.br
faleconosco@editoraplaneta.com.br

*Dedico este livro aos meus pais,
Agostinho e Cleide, que me deram a vida.
Dedico este livro às minhas filhas,
Letizia e Sophia, que me ensinaram a
amar incondicionalmente.*

AGRADECIMENTOS

"Consagra ao Senhor todas as tuas obras
e os teus planos serão bem-sucedidos."
(Provérbios 16,3)

Agradeço a Deus pela minha vida e por estar sempre comigo nessa caminhada.

Agradeço aos meus pais pela vida, pela presença, pelos ensinamentos, pelo sustento, pela educação, pelo cuidado e pelo amor.

Agradeço às minhas filhas, Letizia e Sophia, por me escolherem como mãe nesta vida. Verdadeiros presentes de Deus e tradução literal de amor incondicional. Obrigada pela compreensão nos momentos em que trabalhei nesta obra.

Agradeço a todas as pessoas que passaram pela minha vida: algumas foram bênçãos e outras foram aprendizados.

SUMÁRIO

Prefácio 13
Introdução 17

PARTE 1
ROTEIRO DO ABUSO

1. O ciclo da violência 25
   Tudo começa no bombardeio de amor ... 25
   Fase da paixão 29
   O início da queda: o controle 32
   A humilhação 38
   A culpa é sua! 42

2. **Os tipos de relacionamentos tóxicos** 45
   - Relacionando-se com alguém narcisista.. 47
   - Relacionando-se com o borderline...... 54

3. **Os mecanismos de manipulação** ... 57
   - O ciúme "patológico" 57
   - Chantagem emocional................. 62
   - Gaslighting.......................... 69
   - As traições 74

4. **Os tipos de violência** 79
   - O caminho para a violência física....... 79
   - As definições de violência 86
   - Estelionato sentimental................ 90
   - Perseguição, invasão eletrônica e pornografia de vingança 93

5. **Efeitos dos relacionamentos abusivos** 99
   - Saudades de quem te feriu 105
   - Recaídas e ressaca 108

PARTE 2
GUIA DE DESINTOXICAÇÃO DO RELACIONAMENTO ABUSIVO

6. Assuma que você está em um relacionamento abusivo 115
7. Contato zero................... 119
8. Procure um advogado 127
9. Busque ajuda terapêutica especializada 139
   Relações com a família 143
10. Recupere sua autoestima 147
    Amar a si mesmo 149
    Os quatro pilares da autoestima......... 151
11. Reconecte-se com sua rede de apoio e com sua rotina 157
12. Busque seu bem-estar físico 161
13. Preserve seus filhos 165
14. Ressignifique a experiência 173
15. Reaprenda a ter uma relação saudável 177

Referências bibliográficas 189

PREFÁCIO

É COM GRANDE HONRA que escrevo o prefácio desta obra. O trabalho de Ana Paula Gimenez mostra claramente sua habilidade em transmitir informações de maneira simples e precisa, mesmo quando se trata de um assunto tão intricado como a silenciosa violência em relacionamentos abusivos. Sua dedicação representa um verdadeiro exemplo do que é ser uma profissional comprometida com a carreira e o desejo de ajudar no desenvolvimento da justiça.

Ana Paula, por meio de sua vasta experiência no campo jurídico, nos traz uma abordagem extremamente prática e objetiva, proporcionando um guia essencial que nos auxilia a aplicar as normas e decisões judiciais de maneira correta quando o tema é a violência psicológica em relacionamentos abusivos. Além disso, contribui notavelmente para o desenvolvimento de debates e reflexões acerca dessa problemática.

A autora demonstra uma profunda compreensão da natureza complexa desse fenômeno insidioso, que muitas vezes passa despercebido ou é desconsiderado em nossa sociedade.

Ela aborda as diversas formas que essa violência pode assumir, desde o terrorismo psicológico até as táticas mais sutis de controle e manipulação emocional que se iniciam como um verdadeiro bombardeio de amor e passam para ciúme patológico, humilhações e traições.

São abordados, ainda, os diversos tipos de crimes presentes nesses abusos, como o estelionato sentimental, a perseguição e a pornografia de vingança.

A autora ilustra e aponta caminhos para romper esse ciclo e onde buscar ajuda e os direitos assegurados.

A importância de abordar essa temática não pode ser subestimada. A violência psicológica é capaz de causar danos graves e duradouros à saúde mental e emocional das vítimas, afetando sua autoestima e autoconfiança, além de ser prejudicial para as crianças que crescem em ambientes tóxicos e marcados pela violência.

Eu achava que era amor é uma importante contribuição para a conscientização da sociedade sobre a violência psicológica e a necessidade de lutar contra essa forma de opressão. A autora nos lembra de que não podemos aceitar essa violação dos direitos humanos como algo inevitável. Precisamos trabalhar juntos para criar um ambiente mais saudável, harmonioso e justo para todos.

PREFÁCIO

Este livro é extremamente oportuno em razão da profundidade dos ensinamentos ministrados sobre o assunto.

Trata-se de um trabalho inédito, no qual são abordadas questões vivenciadas pelas vítimas de relacionamentos abusivos e que devem ser enfrentadas e debatidas pela doutrina.

O livro preenche uma lacuna literária e oferece aos leitores, além da doutrina, jurisprudência e legislação sobre o tema.

Com certeza este livro, que alia experiência e conhecimento jurídico, contribuirá significativamente para o aperfeiçoamento da Justiça Criminal e a proteção das vítimas de relacionamentos abusivos.

Por fim, quero parabenizar a autora por sua coragem e determinação em abordar esse tema tão importante e delicado. Seu trabalho constitui um aporte inestimável para o campo da psicologia e do direito e para a luta contra a violência em todas as suas formas. Esta é uma obra importante que, sem dúvida, servirá como referência. Que estas páginas possam inspirar muitas pessoas a se engajarem nessa causa e suscitar novas discussões sobre essa importante e emergencial matéria.

Raquel Kobashi Gallinati Lombardi
Delegada de polícia do estado de São Paulo, diretora da Associação dos Delegados de Polícia do Brasil e embaixadora do Instituto Pró-Vítima

INTRODUÇÃO

IMAGINE UMA SITUAÇÃO em que uma pessoa acorda e pensa: "Acho que hoje vou entrar em um relacionamento tóxico". Parece irreal, não é? Isso porque ninguém se apaixona acreditando que é uma delícia se relacionar com uma pessoa abusiva. Além disso, quase toda relação abusiva já foi um conto de fadas! Então, quando você cai na real, já está vivendo uma dinâmica tóxica e, na maioria das vezes, percorrerá um longo caminho para sair dela.

Nessa trajetória, existem muitos momentos de altos e baixos, que oscilam do extremo prazer e paixão aos momentos mais terríveis pelos quais você já passou na vida. Você vai do céu ao inferno em instantes. Em meio a declarações de amor, podem surgir as piores brigas. Assim como nos grandes conflitos, aparecem as juras de romance eterno e os pedidos de desculpas.

É uma mistura de "eu te amo" com "vai se danar", em que romance e tensão se misturam.

Se houvesse somente as situações ruins, bastaria uma desintoxicação emocional e tudo voltaria a ser como antes. Mas não é assim! Como uma droga, essa instabilidade vicia – uma vez que envolve muita manipulação e jogo psicológico – até chegar ao ponto em que a pessoa fica destruída. Só quem superou um relacionamento tóxico sabe a dificuldade de sair dessa bolha estando com a autoestima no chão, a saúde mental em frangalhos, o lado espiritual desacreditado e o estado físico debilitado. Ninguém está imune de viver uma relação tóxica, porque não é preciso existir um estado de vulnerabilidade prévio para que essa situação aconteça.

Depois de viver uma relação tóxica, você provavelmente nunca mais voltará a ser a mesma pessoa, porque viver a toxicidade trará à tona todas as suas sombras. A relação abusiva faz com que você analise toda a sua vida desde a infância, um processo que acaba sendo um convite ao autoconhecimento. Há momentos em que você poderá duvidar até da própria sanidade, afinal, mergulhar no nosso inconsciente dói, mas com apoio é possível sair da escuridão, voltar a ver o sol brilhar e se tornar mais forte.

Nesse processo, você aprende a dar valor a cada minuto de paz e tranquilidade. Aos poucos, vai mudando a química do seu cérebro e tudo vai voltando ao normal, até que um dia você pensa: "Como eu vivi isso?";

INTRODUÇÃO

"Por que não percebi antes?"; "Como eu permitia que me tratassem assim?"; "Por que me deixei levar?". No fim, você não acreditará que passou por tudo isso, mas terá acumulado um imenso aprendizado.

Se você está lendo este livro, provavelmente está passando ou já passou por essa situação. Quem nunca se deparou com uma pessoa abusiva? Até eu, que sou uma mulher divorciada, advogada familiarista que lida com muitos relacionamentos abusivos, já vivi isso. A grande diferença é que o conhecimento liberta. Por já trabalhar nessa área e entender como funciona o mecanismo do abuso, pude identificar a toxicidade e sair rapidamente da relação. A experiência serviu para que eu pudesse entender ainda melhor as dores e dificuldades das pessoas que atendo. É muito difícil e sofrido sair dessa teia de manipulação. Por isso, resolvi escrever este livro. Se até eu, que milito na área, vivi uma experiência destrutiva, ainda que breve, imagino o sofrimento de quem vive por anos uma relação como essa.

Fico impressionada com a semelhança de atitudes em tantos relatos diferentes. Aprendi que a informação traz benefícios para quem vive isso. É preciso conhecer o roteiro do relacionamento abusivo para conseguir sair dele, porque com esclarecimento e conscientização fica mais fácil buscar ajuda especializada e superar essa situação.

Talvez neste momento você esteja em um estado depressivo, chorando sem parar, sem forças para se levantar, sem enxergar a luz no fim do túnel, sentindo-se um zero à esquerda, mas saiba que isso é comum para quem viveu ou vive uma relação abusiva. Se você acha que nunca mais será feliz, se você se sente dependente de um relacionamento que só te faz mal, se não se reconhece mais, se você se afastou de tudo e de todos, se está com a saúde emocional abalada e sua autoestima destruída: saiba que não está sozinho(a) e eu posso acender uma luz para você começar a caminhar.

Para quem, felizmente, não teve uma experiência dessas, a prevenção ainda é o melhor remédio. Por isso, tratarei de indicar os sinais que passam despercebidos, analisar as situações que parecem envolventes, revelar as manipulações utilizadas e apontar maneiras de dar a volta por cima e recuperar a capacidade de reconhecer seu valor e sua autoestima. Além disso, vou discorrer sobre o verdadeiro significado de violência psicológica e alguns aspectos legais.

Com isso, busco oferecer orientações tanto para se livrar de uma relação abusiva como para evitar entrar em uma. As histórias são baseadas em vivências reais, porém os nomes serão trocados para preservar a identidade dos envolvidos. Este não é um livro só para mulheres, mas para todos que já viveram uma relação tóxica e sabem o quanto perderam sua identidade.

Na primeira parte, vou apresentar os principais fatores que nos ajudam a identificar uma relação abusiva. No Capítulo 1, vamos entender como se estabelece o ciclo da violência e por que nos viciamos nessa dinâmica. Em seguida, no Capítulo 2, explico quais são os tipos mais frequentes de violência – você sabia que a agressão física não é a única? – e como são tipificados no Código Penal, particularmente pela Lei Maria da Penha. O Capítulo 3 revela quais são os mecanismos utilizados por pessoas abusadoras para colocar em prática essa violência de modo sutil e com a finalidade de criar algum tipo de dependência na vítima, seja emocional, psicológica ou patrimonial. No Capítulo 4, analiso os comportamentos mais comuns das pessoas tóxicas e os possíveis transtornos de personalidade associados, particularmente o narcisista e o borderline. Encerrando a primeira parte, o Capítulo 5 avalia os efeitos da relação abusiva sobre a vítima e traz possíveis explicações para o fato de ser tão difícil abandonar essa situação.

A segunda parte do livro é um verdadeiro guia de desintoxicação da relação abusiva. De nada adiantaria saber o que é uma relação abusiva se não houvesse soluções possíveis para sair dela. No Capítulo 6, você entenderá a importância de assumir que vive esse tipo de relação. No Capítulo 7, trago o método do Contato Zero e o da Pedra Cinza: você já ouviu falar desses métodos essenciais para se livrar da manipulação? Os Capítulos 8 e 9 abordam a importância de obter ajuda especializada. Este livro te dará uma direção, porém você vai entender o quão essencial é o acompanhamento de um profissional especializado.

O Capítulo 10 trata de como o relacionamento abusivo destrói a autoestima da vítima, a qual não se resume a características físicas, mas a toda a construção da percepção de si mesmo. O Capítulo 11 aborda a reconexão com as pessoas e consigo, visto que esse tipo de relação te desconecta, o que gera consequências psicológicas, mas também físicas, motivo pelo qual no Capítulo 12 falarei sobre a saúde em todos os níveis. No Capítulo 13, trato da importância de preservar os filhos que nasceram de relações abusivas e, por fim, nos Capítulos 14 e 15, explico como voltar a amar e ter relações saudáveis. É um longo caminho que percorremos.

Vamos juntos vencer essa violência silenciosa e devastadora que é a violência psicológica. Ela é um "bichinho" que "mata" aos poucos, mas saiba que é possível se curar e voltar a ser feliz. É fácil? Não! Mas aqui ninguém larga a mão do outro. Estamos juntos(as)!

PARTE 1

ROTEIRO DO ABUSO

1
O CICLO DA VIOLÊNCIA

TUDO COMEÇA NO BOMBARDEIO DE AMOR

AO LONGO DA HISTÓRIA CONTEMPORÂNEA, fomos bombardeados com ideias românticas que relacionam o amor com paixão à primeira vista, duas metades que se completam e a chegada de um príncipe encantado que vai proporcionar o tão sonhado "felizes para sempre". Isso tudo potencializa aquela sensação, no início de um relacionamento, de que encontrou o "amor da sua vida". Você já viveu algo assim? Os valores batem, há reciprocidade, as ideias coincidem. Sinto muito dizer, mas, se a resposta for sim, você pode ter vivido uma relação abusiva, afinal, ninguém ama já no primeiro mês. Podemos, sim, nos apaixonar rapidamente, mas aquela sensação de amor perfeito bem no começo da relação pode se tratar de um bombardeio de amor, tática típica da relação tóxica. Também chamada de "love bombing" ou "bolha de amor", uma forma simples de manipulação.

Bombardeio de amor é a fase da "idealização", em que a pessoa abusiva cria situações aparentemente perfeitas e intensas para conquistar sua vítima. Esse processo começa com um diagnóstico em que a pessoa abusiva observa os assuntos pelos quais você se interessa e te estuda em detalhes. Durante as conversas, ela fala exatamente aquilo que você aprecia. Comumente, ela faz um pente-fino nas suas redes sociais e analisa todos os seus passos, gostos e amizades. Sabe tudo o que te atrai. Algumas vezes, procura inclusive observar seu ponto de vista e concordar com ele. Parece que vocês têm uma afinidade imensa. Concordar com você no início é fundamental. A pessoa fala exatamente o que você gostaria de ouvir, gerando conexão.

Com essa conexão aparentemente profunda, a pessoa tóxica não somente identifica seus problemas como se apresenta como alguém capaz de resolvê-los. Ela tenta ajudar em todas as questões: no trabalho, na casa, com seus familiares, na sua rotina. Ela é uma verdadeira facilitadora da sua vida. O problema mal surge e ela já está lá, pronta para solucioná-lo. É o carro que quebrou, seu filho que ficou doente, o trabalho acumulado, o cano estourado, o mercado que precisa ser feito: ela é sua parceira em tudo e faz coisas que nunca ninguém fez para você. Precisa provar que é a melhor opção por um relacionamento. Você experimentará as situações mais românticas que já viveu e pode ganhar os melhores presentes e as melhores surpresas. Ela não precisa ser rica, porque dará um jeito de surpreender você de qualquer forma. Então, você vai pensar: "Essa pessoa é um presente de Deus".

Além de demonstrar esse suposto amor por meio de ações, a pessoa te elogia, te apoia em todos os seus projetos, te acha o máximo, te coloca em um pedestal. Faz com que você se sinta a pessoa mais amada e especial do mundo. Ela usa frases como: "Nunca senti isso por ninguém", "Nunca tinha amado nessa intensidade e tão rápido", "Tenho certeza de que nosso amor é de outras vidas", "Você é linda", "Você é o cara mais bem-sucedido que conheço", "Vou tratar você tão bem quanto merece e como ninguém nunca tratou". Quem não gosta de se sentir assim? Elogios alimentam nosso ego e ajudam na nossa autoestima.

Vou te contar a história de Milene. Ela conheceu Carlos virtualmente. Conversaram por meses. Os assuntos e ideias batiam. Ela era espírita; ele não era, mas começou a ir ao centro espírita com ela. Ela estudava enologia; ele mandava tudo que lia sobre o tema para ela, mostrando-se interessado. Ela tinha um filho que ficou doente; ele se ofereceu para levar o menino ao médico. O carro dela quebrou; ele providenciou o conserto do veículo. Ele admirava seu trabalho e era fã de tudo o que ela fazia. Ele a elogiava 24 horas por dia e dizia que havia se apaixonado pela história de vida dela, e não só por sua beleza. Enviava flores, mandava cartas e escreveu três poemas no primeiro mês de namoro. Dizia que tinha largado a antiga namorada para viver esse romance. Falava que a conexão sexual deles era incomparável. Ele se esforçava para que ela tivesse um imenso prazer. Fazia planos para o futuro e dizia que não viveria mais sem ela. Afinal, segundo ele, ela era a mulher com quem sempre tinha sonhado.

Até que ele a conquistou! Que atire a primeira pedra quem não se apaixonaria por uma pessoa assim. Foi o início do relacionamento tóxico dos dois. Ele não começou sendo um cara abusivo, mas iniciou com jeito de "amor da vida" e acabou com uma grande destruição emocional. Mais à frente, vou contar para você como esse cenário mudou.

Quando uma relação começa com tamanha rapidez e intensidade, deve-se ter cuidado. No início, vocês estão apenas se conhecendo; precisam de tempo para se observar. Cada um precisa reconhecer se a outra pessoa lhe interessa de fato e se ela é quem diz ser. Uma pessoa tóxica geralmente quer assumir um compromisso mais sério logo e faz planos de casamento e filhos nos primeiros encontros. Em todo começo há uma projeção dos nossos desejos no outro, e muitas vezes não conseguimos enxergar como ele realmente é. Você já deve ter ouvido a música da

Marília Mendonça em que ela diz: "Me apaixonei pelo que eu inventei de você". Assim ocorre quando uma pessoa é tóxica: ela identifica as necessidades e projeções do outro que já existem e as usa a seu favor. Ela se mostra exatamente como o outro gostaria que ela fosse, e assim a conquista fica mais fácil.

O objetivo do bombardeio de amor é fazer com que você se sinta a pessoa mais maravilhosa e perfeita do mundo, afinal, com a ideia de que você encontrou a metade da laranja fica mais fácil te convencer a viver na bolha de amor, à parte do resto do mundo. Assim, cada vez mais, você vai se afastando das pessoas com quem convivia para viver esse amor "surreal". Ao mesmo tempo, a forma como a pessoa tóxica é prestativa e faz tudo por você revela uma dinâmica para criar certa dependência dessas facilidades que ela traz para a sua vida. A realidade é que esse romance vicia e, durante todo o ciclo do relacionamento abusivo, você tentará voltar para a fase inicial de verdadeira lua de mel. Por isso, é preciso ter atenção já aos primeiros sinais. Claro que pode existir amor à primeira vista, mas a relação deve se desenvolver dentro de um ritmo saudável e gradual.

FASE DA PAIXÃO

Passada essa fase em que as duas pessoas estão se conhecendo, chegamos ao momento em que elas assumem que estão apaixonadas, e é quando parece que tudo flui. A vida fica mais colorida, sentimos um friozinho na barriga, temos uma ótima sensação quando pensamos na pessoa, os problemas parecem pequenos e agradecemos por sermos tão felizes e por termos encontrado alguém exatamente como idealizamos. Já ouviu dizer que a paixão nos torna tolos? Pois é, ela realmente é capaz de diminuir nosso discernimento.

Segundo Gary Chapman, autor de *As 5 linguagens do amor*,[1] a paixão dura, no máximo, dois anos. Esse seria o período em que as pessoas saem da realidade e veem no outro quase a perfeição. Como a paixão aumenta nossos níveis de adrenalina, temos uma sensação eufórica que, muitas vezes, nos tira o equilíbrio. Alguns ficam tão obcecados emocionalmente pelo outro que acabam deixando de ver os defeitos dessa pessoa, além de projetar nela suas necessidades mais profundas. Tentamos encaixar o outro no perfil ideal criado pela nossa cabeça. Vemos determinadas características onde não existem.

Na fase da paixão, achamos que ficaremos unidos contra todos e venceremos qualquer dificuldade. Parece que pertencemos um ao outro. É magia que encanta; o foco vira a outra pessoa, muitas vezes prevalecendo sobre qualquer assunto. Você espera

---

[1] CHAPMAN, Gary. *As 5 linguagens do amor*. 3. ed. São Paulo: Mundo Cristão, 2013.

ansiosamente o dia do reencontro, a mensagem de bom-dia logo pela manhã, a conversa sobre como foi o dia, na parte da noite. Na fase da paixão, você é capaz de largar tudo para ficar com o outro.

Porém, de acordo com Chapman, a paixão não é uma necessidade básica para nós, e sim o amor. Quando a paixão acaba, você enxerga o outro como ele é, e a partir disso há três opções: se apaixonar por outra pessoa para sentir tudo isso de novo, resignar-se a ter uma vida infeliz ao lado da pessoa com quem já se está tendo como base o começo da relação ou buscar um amor real. O amor é um ato de vontade; você escolhe estar com alguém apesar de todos os defeitos e problemas. O amor exige disciplina e serve para o crescimento pessoal. Amar é escolha e opção. Você opta por estar com o outro sem as idealizações, vendo-o como ele realmente é e sabendo de todas as dificuldades que enfrentarão.

Na maioria das vezes, os relacionamentos abusivos se consolidam na fase da paixão. É o momento em que você está mais vulnerável e idealizando as situações. É o período em que você não enxerga a realidade. Nos relacionamentos saudáveis, também vivemos essa fase. Apaixonar-se não significa que você viverá uma relação tóxica, mas é durante a paixão que você precisa se atentar para os primeiros sinais de alerta.

Identificar os primeiros comportamentos abusivos pode ser até fácil; duro é assumir para si mesmo o que está acontecendo. Tem uma parte tão boa, ainda mais com o bombardeio de amor que potencializa tudo, que você tenta se enganar. Você pensa: "Nossa, ele é tão preocupado comigo"; "Olha como ela diz que sou o homem da vida dela"; "Nunca ninguém fez isso por mim".

Na maioria das vezes, o abuso não começa escancarado; ele é sutil, ardiloso e velado. Você mergulhou tão fundo na bolha de amor que ela passou a confundir seus pensamentos. Você começa a se sentir exigente demais e passa a suportar algumas condutas inadequadas do outro.

Sempre falo que a violência psicológica é silenciosa, por isso é tão perigosa. Entra devagar na sua vida e, quando você percebe, já está dentro do ciclo da violência, sem conseguir sair. Cuidado com as atitudes do outro que você aguenta na fase da paixão. Observe as ações, e não somente as falas. É importante ter atenção aos detalhes, porque um relacionamento tóxico é envolto em muitas mentiras, por isso analisar os comportamentos e reações é fundamental. Se a pessoa não age de acordo com o que diz, você pode estar em um jogo de manipulação. Palavras são fáceis e podem ser mentirosas, enquanto atitudes dão um pouco mais de credibilidade.

O INÍCIO DA QUEDA: O CONTROLE

Existe relacionamento perfeito? Não! Porque simplesmente não existem pessoas perfeitas. É preciso relevar

O CICLO DA VIOLÊNCIA

alguns erros do outro para dar certo? Sim! Nos apaixonamos pelas qualidades, mas os defeitos devem ser suportáveis. Quando percebe atitudes negativas reiteradas e sinais de abuso na relação, você não é obrigado a aguentar. Observe antes de se casar e se comprometer. Na seção anterior, observamos como o início de uma relação pode parecer um verdadeiro paraíso; agora, vamos entender como os comportamentos abusivos acontecem gradualmente. Eles não surgem de repente, mas em uma escalada de violência psicológica. Por isso, é muito importante entender como se dá essa dinâmica tóxica, já que, quando você a identifica nos primeiros sinais, é mais fácil deixar o relacionamento.

Vamos voltar à história da Milene e do Carlos. Ele investiu pesadamente em conquistá-la. Eram poemas, elogios, parceria, flores, ajuda na rotina, cartas. Bingo! Ele conseguiu! Mas, sutilmente, a situação foi mudando. Com a justificativa de um suposto "cuidado e proteção", ele foi estabelecendo alguns limites – que ela se sentia mal em contrariar por estar diante de um cara "tão perfeito" – e cobrando alguns comportamentos em troca do "amor" que dava a ela.

Carlos dizia que, pelo bem da imagem profissional dela, Milene não deveria mais postar fotos com determinadas roupas nas redes sociais ou fazer determinadas postagens da sua rotina. Segundo ele, era muita exposição e ninguém a contrataria com aquelas fotografias e com aqueles stories. Quando ela o contrariava, o drama começava. Ele dizia o quanto a amava e que ela não abria mão de nada por ele. Quando ele descobria que ela ainda mantinha algum caso amoroso do passado como seguidor nas redes, surtava e pedia que ela o bloqueasse, sempre usando o amor como justificativa. Ele dizia: "Eu faço tudo por você, faça alguma coisa também para me agradar". Ela, com medo de perder as sensações do bombardeio de amor, acabava cedendo. Pensava: "Nossa, ele me fez tão bem que não custa eu excluir algumas pessoas e mudar meu jeito de vestir". Porém, se ela pedia o mesmo para ele, era chamada de louca e ciumenta. Ele dizia: "Seu ciúme é patológico. Eu não mantenho contato com ninguém. Não tem por que excluir". Era uma via de mão única, ela tinha de ceder às exigências.

Entende como o abuso começa? Com cara de cuidado e proteção. A pessoa tóxica passa a exigir coisas que ela mesma não dá em troca, mas justifica tudo com o bombardeio de amor. No caso de Carlos, ainda existia outro fator de chantagem, uma vez que ele largou uma namorada para ficar com Milene. Ele dizia "Larguei tudo por você", fazendo-a se sentir extremamente culpada. Esse foi o trunfo dele para todo o abuso. No entanto, mal sabia Milene que ele mantinha a ex em stand by, para o caso de a relação dos dois não vingar. Os abusadores costumam caminhar entre suas vítimas.

Apesar do que vimos até aqui, o controle não se limita a fotografias, postagens ou contato com pessoas do passado; pode atingir questões profissionais, amigos e familiares. Para ter um relacionamento saudável, você precisa manter seu território físico e mental. É necessário ter um momento só seu, seguir com suas atividades habituais, não se afastar da família e dos amigos, se arrumar do jeito que você se sente bem, ter seu tempo de lazer. Você não pode se distanciar da sua essência e perder sua individualidade. Não deixe seu emprego porque a pessoa com quem você se relaciona disse que você ganha mal. Não desista daquele curso ou daquele retiro porque ela ficou com ciúmes. É importante manter seus objetivos.

Não estou sugerindo que você não saia da sua bolha de proteção, mas que tenha cuidado ao se entregar ao outro. O filósofo polonês Zygmunt Bauman[2] aponta no mundo contemporâneo o aumento no número do que ele chama de relacionamentos líquidos, descritos por ele como superficiais e baseados apenas nos prazeres carnais. Isso porque, cada dia mais, as pessoas se encontram tão machucadas que ficam com medo de se envolver. Para ele, estamos vivendo em um mundo egoísta e ao mesmo tempo carente. Somos seres relacionais, porém estamos desaprendendo a nos relacionar. Isso faz com que muitas pessoas não estejam realmente felizes. Não é preciso ir muito longe para perceber essa tendência; basta observar a quantidade de pessoas ao nosso redor reclamando

---

[2] BAUMAN, Zygmunt. *Amor líquido*: sobre a fragilidade dos laços humanos. Rio de Janeiro: Zahar, 2004.

e, ao mesmo tempo, fingindo que está tudo bem. A OMS (Organização Mundial da Saúde) já apontava o aumento dos casos de suicídio e que, em 2019, quase um bilhão de pessoas vivia com algum transtorno mental. Quando falamos de relacionamentos, isso se torna particularmente importante ao pensarmos na afirmação do diretor da OMS de que todos conhecemos alguém afetado por um transtorno mental.[3]

Claro que precisamos deixar o outro entrar na nossa vida, mas sempre para compartilhar e transbordar. Quando a pessoa quer te transformar em alguém totalmente diferente do que você é, ela tenta te adaptar ao que acha bom para ela ou somente para satisfazer o próprio ego. Relacionamento saudável é aquele em que você mantém a sua individualidade, mas fica feliz e confortável em partilhar momentos, vitórias, valores, projetos e derrotas com o outro. Você não se sente pressionado com o dia a dia. Claro que você sairá menos com seus amigos, mas continuará tendo essa liberdade. Além disso, quando a relação é boa, a pessoa fará questão de te incluir em programas familiares e com os amigos. Se ela esconde o relacionamento de tudo e todos, pode ficar com um pé atrás!

---

[3] OMS DESTACA necessidade urgente de transformar saúde mental e atenção. OPAS, 17 jun. 2022. Disponível em: https://www.paho.org/pt/noticias/17-6-2022-oms-destaca-necessida-de-urgente-transformar-saude-mental-e-atencao. Acesso em: 11 set. 2023.

Continue com sua vida normal, mas incluindo o outro, pois a parceria e a cumplicidade são fundamentais para um casal. Quando a pessoa quer transformar sua vida contra sua vontade, seus comportamentos, suas roupas, suas redes sociais, as pessoas do seu convívio, isso é controle! É uma forma de te prender na bolha de amor para depois te dominar até que você perca sua identidade e passe a ser apenas "o(a) namorado(a) de alguém". Aqueles que não conhecem sua realidade e observam a situação de fora, às vezes, podem julgar que você não passa de louca(o), já que está em uma relação com uma pessoa aparentemente encantadora e que faz tudo por você. Essa atitude pode revelar a intenção de causar seu isolamento e invalidar sua opinião. E sabe por quê? Porque o abusivo, algumas vezes, tem mais de uma vítima ao mesmo tempo e você nem sabe, portanto faz parte da dinâmica tóxica apontar que você é o problema ou que está imaginando situações que não existem.

Como vimos aqui, o objetivo de controlar é afastar a vítima da sua rede de apoio. Quando o tóxico consegue trazer o outro para a bolha de amor e afastar todo mundo, começa a fase seguinte: a humilhação. Não viva no mundo da lua nem faça do outro o centro de sua vida. Mantenha sua base, porque nesta etapa você ainda consegue se livrar com certa facilidade do relacionamento tóxico. Em todo caso, a seguir, vamos identificar as principais características desse período posterior à conquista de controle.

A HUMILHAÇÃO

Quando você já se afastou de tudo e todos, quando o centro da sua vida virou o outro, quando você se tornou totalmente dependente dessa pessoa para resolver seus problemas cotidianos, quando já se acostumou a falar com ela 24 horas por dia, quando deixou de fazer o que gosta, quando passou a se vestir diferente, começa a fase da humilhação.

Nesse momento, você passa da pessoa perfeita para aquela que precisa melhorar em todos os aspectos. Se antes eram só elogios, agora você terá as críticas infinitas. Como você já se envolveu e passou pela etapa do controle, começa a repensar quem você é, por sugestões do outro. Se antes era você a pessoa ideal, agora ele diz que é ele a pessoa perfeita para você e é quem salvará sua vida. Dirá que é a solução de todos os seus problemas. Segundo essa pessoa, se você a perder, nunca mais arrumará alguém tão bom, tão apaixonada e que queira tanto seu bem. Talvez você esteja tão dependente que até concorde. Por fim, vai passar a ceder em prol de não perder esse "presente de Deus". Nessa fase, algumas pessoas começam a perceber o comportamento abusivo do outro e conseguem sair fora, mas outras se abatem com as críticas constantes e passam a se sentir diminuídas e confusas.

Essa confusão se dá porque a pessoa abusiva não começa a fase de humilhação xingando. O início é sutil, com críticas, comparações e desmerecimento.

Se antes você era uma excelente profissional, agora a pessoa vai tecer elogios profissionais a alguém do próprio círculo de amizades ou até a um antigo parceiro ou parceira, sempre fazendo comparações e diminuindo você. Se antes era demais o fato de você buscar a espiritualidade, agora é "bobeira perder tempo com isso". Se antes você escrevia de modo perfeito, agora seus textos são cheios de erros e incoerentes. A crítica pode vir com tom de algo "construtivo", como os exemplos do quadro a seguir.

- "Este seu jeito de se vestir não é legal, você está feia!"
- "Já viu como fulano é bem-sucedido? É porque ele não faz como você."
- "Acho que você precisa fazer exercício, porque eu gostaria de ter um namorado sarado."
- "Nossa, como você era linda naquela foto do ano passado e estava bem mais magra, né?"
- "Você viu a viagem romântica que o namorado de fulana deu de presente para ela? Isso que é homem!"
- "Seu jeito de falar me irrita."

> - "Seu trabalho é péssimo, não dá dinheiro."
> - "Nossa, você fracassou de novo?"

Essas frases podem parecer motivadoras e apenas sugestivas, mas deixam de ser quando se tornam uma constante. Uma vez ou outra, escutar esse tipo de coisa é até normal, mas na relação abusiva você ouve diariamente, porque o intuito é te rebaixar.

Quanto mais a vítima dá ouvidos a essas críticas, ou seja, quanto mais ela se encolhe para caber em uma relação tóxica, mais a violência psicológica cresce. Tudo o que você faz é insuficiente para a pessoa abusiva. Ela sempre estará reclamando de você, te cobrando coisas, impondo mudanças e fazendo críticas. Tudo em nome do amor e "para o seu bem", enquanto você se diminui cada vez mais. Se você não age exatamente como ela quer, é porque não a ama, e assim começa uma chuva de chantagem emocional em que você escutará com frequência coisas como: "Olha tudo que faço, e você não muda em nada por mim"; ou a pessoa reivindicará as coisas que ela fez na fase da conquista (e só naquela fase), para agora você ceder em algo. Porém, a esta altura, você já mudou muita coisa e a exigência será maior.

Para ilustrar essa situação, vou contar a história da Renata, uma amiga que eu tinha. Seu então namorado entrou na vida dela como um furacão. Segundo ele, ela era a mulher que ele mais admirava no mundo e que despertou sentimentos que ele nunca tinha sentido por ninguém. Queria namorar, se casar e ter filhos. Quando ela se apaixonou e se entregou, ele passou a criticar exatamente tudo o que elogiava antes: o comportamento, o trabalho, o corpo, a rotina, a família, o passado. Se ela não fazia exatamente o que ele queria, ele dizia que ela não o amava. Ela se sentia culpada e, ao mesmo tempo, queria sentir novamente aquele bombardeio de amor do início; com isso, acabava cedendo. Mesmo assim, as críticas não cessavam e, além de seguir culpando-a por tudo, ele começou a usar palavras de baixo calão, se descontrolar e gritar. Ou seja, a situação escalou até chegar a um quadro de humilhação completa. Com isso, ele detonou a autoestima dela, que passou a se enxergar com inferioridade. O que acontecia com Renata era que ela se diminuía para caber na relação.

O relacionamento serve para evoluirmos em todos os aspectos, nunca para retrocedermos. Ninguém deve se apequenar para caber em uma relação. Se você está diante de uma situação parecida, pode desconfiar que está diante do abuso. Reflita e relembre como era sua autoestima antes do relacionamento e como ela está agora. Já entendemos que a consolidação desses ciclos faz a violência psicológica aumentar, porque ocorre em escalada. Portanto, se hoje você só consegue enxergar seus defeitos, sente insegurança, medo, acha que é a pior pessoa do mundo e se culpa por tudo, repense se sua relação vale a pena, pois você pode estar passando por esse ciclo de humilhação. A seguir, vamos descobrir como esse estágio é seguido justamente pelo ato de fazer a vítima se sentir culpada por tudo que está acontecendo.

A CULPA É SUA!

Se no início você era a razão da felicidade do outro, agora é a pessoa culpada por tudo que acontece de mau ou que o tóxico acha errado. Todas as brigas serão causadas por atos seus, todas as tristezas do outro serão provocadas por você, todas as agressões acontecerão porque você deu motivo. Como vimos até aqui, nos relacionamentos abusivos, há muita manipulação das demonstrações de amor, tentativa de controle de comportamentos e uso de mentiras para provocar a humilhação. Para que esse ciclo se mantenha, a pessoa tóxica vai fazer você sentir culpa por tudo que ocorrer de ruim na relação. Se ela estiver nervosa, é porque você a irritou. Se surtou e se descontrolou, é porque você não se comportou bem.

A cobrança – de carinho, atenção, dedicação, sexo – será uma ferramenta utilizada pelo abusivo para gerar essa culpa. Ele vai cobrar sempre que você faça o que é bom para ele e o que ele acha certo. A desculpa mais utilizada será a de que agir dessa forma é dar uma "prova de amor". Assim, ao colocar em você a responsabilidade de que tudo dê certo, ele terá o aval para ficar nervoso se as coisas não fluírem como o esperado. Você percebe que a situação se transforma em uma bola de neve, de modo que o que você faz nunca é suficiente, e as exigências só aumentam. Com isso, bate o desespero para voltar ao pedestal em que ele havia colocado você no início da relação – lembra que falamos quão viciante é esse bombardeio de amor? – e você cede, perdendo sua identidade e sua essência. A essa altura, sua vulnerabilidade é tão grande que você se torna cada vez mais descartável e menos essencial para ele.

Em uma relação saudável, é normal haver momentos bons e outros nem tanto. Como já mencionei no início deste capítulo, o amor perfeito é uma idealização utópica, mas a relação tóxica é feita de polaridades extremas: uma hora está maravilhosa e, no momento seguinte, destruidora. Nessa dinâmica, quando os momentos bons diminuírem e se tornarem cada vez mais escassos, o abusivo colocará a culpa sempre em você. Cuidado com as pessoas que não assumem nunca a própria responsabilidade. Claro que erramos! Somos humanos, mas aquele que dramatiza demais e joga a responsabilidade totalmente no outro está sendo abusivo. Fique atento a esse cenário, pois ele sinaliza um ponto avançado da violência psicológica. Caia fora o quanto antes.

Com essa constante culpabilização, você vai se perguntar: "O que eu fiz de errado?", "Como posso melhorar?", "O que posso fazer para agradá-lo?". Esses questionamentos surgem do desejo de voltar à sensação de harmonia e bem-estar, ainda que ilusória. Sabe quando uma pessoa que sofre de dependência química vende a televisão de casa para comprar mais drogas? Essa é uma analogia que podemos fazer para entender o descompasso entre todo o esforço que você faz e as migalhas de amor que você recebe. No fundo, você sabe que isso te faz mal, mas vai eleger muitas vezes o prazer momentâneo.

Com os pontos abordados até aqui, conseguimos entender o ciclo da violência, que começa na lua de mel, culmina com as agressões, passa pela etapa de culpabilização e declina com os pedidos de desculpas e as promessas de um futuro melhor. Mas será que você perdoaria se acreditasse que a culpa era realmente dele? Então, ele manipulará você para que se sinta sempre responsável. Pior: para que você se sinta mal pensando como pode melhorar. Mas o problema não é você! Você é apenas uma peça do jogo do relacionamento abusivo.

Agora que compreendemos como ocorre esse ciclo de violência, no próximo capítulo vamos entender quais são os mecanismos de manipulação mais comuns em um relacionamento tóxico.

2
OS TIPOS DE RELACIONAMENTOS TÓXICOS

QUERO INICIAR ESTE CAPÍTULO ressaltando que não sou psicóloga, mas apenas uma advogada familiarista, com formação em coach sistêmico e direito sistêmico e iniciando a formação em psicanálise. Fiz também alguns cursos na área da psicologia, como cura da criança ferida, ordens da ajuda, constelação familiar, ordens do amor e relacionamentos. Sempre estudei bastante o assunto das relações tóxicas. Aqui busco descrever dois transtornos de personalidade que podem caracterizar pessoas abusivas. É importante frisar que não estamos falando de doenças, mas de disfunções da personalidade do indivíduo, ou seja, a maneira como ele lida com o mundo, o seu jeito de ser. É a forma distorcida como a pessoa se vê e vê o outro, que pode ser disfuncional.

Segundo a abordagem biopsicossocial, cada vez mais profissionais da saúde têm buscado investigar o ser humano a partir de uma visão multidisciplinar, em que as dimensões biológica, psicológica e social não estão separadas. Isso quer dizer que saúde física e saúde mental não são duas coisas desassociadas.[1] Pois bem, nos transtornos que vou descrever neste capítulo, algo acontece na formação da pessoa, de modo que o que é normal na primeira infância vira patológico na fase adulta.

Abordo aqui dois transtornos de personalidade; nem todo abusador tem um deles, mas quase todas as pessoas com esses transtornos apresentam um comportamento abusivo e vivem relações tóxicas. O diagnóstico sempre deve ser feito por um profissional da saúde e pode levar um tempo para ser definido. Não adianta chamar todo abusador de narcisista nem dizer que toda ex é borderline. Podemos até identificar determinadas caraterísticas nos nossos ex-parceiros, porém o diagnóstico de um transtorno só pode ser feito por profissionais habilitados.

---

[1] BALDISSERA, Olívia. Modelo biopsicossocial: dê adeus à separação entre saúde física e mental. *Pós PUCPR Digital*, 9 jul. 2021. Disponível em: https://posdigital.pucpr.br/blog/modelo-biopsicossocial. Acesso em: 30 jul. 2023.

RELACIONANDO-SE COM ALGUÉM NARCISISTA

Quando somos crianças, é comum sermos tratados como o centro das atenções, mas, com o tempo, vamos percebendo que o mundo não funciona assim. Mesmo na fase adulta, a pessoa portadora do transtorno narcisista continua pensando ser mais importante do que as outras e se sente merecedora de todos os privilégios do mundo. Por ter essa complexa condição psiquiátrica, ela se mostra arrogante e prepotente, quando, na verdade, sua autoestima geralmente é baixa. Além da falta de empatia, o narcisista utiliza-se do suprimento e da energia de outros indivíduos para preencher sua necessidade de adulação.[2] Isso quer dizer que, para conviver bem com um narcisista, você precisa elogiá-lo o tempo todo e satisfazer todos os seus desejos e vontades, porque ele prefere aplausos a amor verdadeiro. Como temos visto ao longo deste livro, esses são comportamentos muito presentes em relações tóxicas, por isso, podemos dizer que nem toda pessoa tóxica é narcisista, mas que quase todo narcisista é abusador.

---

[2] TRANSTORNO de personalidade narcisista: o que é e formas de tratamento. *Portal Drauzio Varella*, 21 nov. 2022. Disponível em: https://drauziovarella.uol.com.br/doencas-e-sintomas/transtorno-de-personalidade-narcisista-o-que-e-e-formas-de-tratamento. Acesso em: 30 jul. 2023.

No início da relação, a pessoa narcisista se mostrará perfeita. Você achará que encontrou o príncipe ou a princesa encantada. Na fase da conquista, ela vai conversar sobre os assuntos de que você gosta, fazer elogios, demonstrar as mesmas aspirações e objetivos de vida, vai validar você toda hora, concordar com todas as suas ideias e vontades, vai aceitar você do seu jeito, contar segredos para gerar confiança e vai fazer você se sentir uma pessoa perfeita e única. E sabe por que você vai se envolver? Porque vai pensar que nunca ninguém tratou você tão bem assim, não com essa intensidade. Nunca foi tão perfeito! Isso ocorre porque a pessoa narcisista é especialista no bombardeio de amor e sabe seduzir como ninguém.

Nessa fase do encantamento e da idealização, você viverá momentos românticos inesquecíveis, terá um(a) parceiro(a) sexual que se preocupa mais com o seu prazer do que com o próprio, ganhará as mais lindas declarações de amor, e tudo em uma velocidade tão intensa e avassaladora que fará você agradecer por estar vivendo isso. A pessoa narcisista faz com que você saia da sua realidade e se entregue a uma louca paixão. Você chega a se esquecer dos seus problemas e dificuldades, como se estivesse em um universo paralelo. Em pouco tempo, essa pessoa já diz "te amo". Aí, quando sente que conquistou você, as coisas começam a mudar, e ela passa a sugar sua energia.

Se antes havia concordância em tudo, agora vai passar a haver críticas. Sabe por quê? Porque quem padece desse transtorno não apresenta empatia pelas outras pessoas, portanto dificilmente vai nutrir sentimentos verdadeiros por elas, já que as vê apenas como objeto de satisfação pessoal. E isso ocorre sem que o narcisista sinta culpa ou sofra. Contraditoriamente, sua expressão máxima será o drama, já que assim te convencerá de que é o amor de sua vida e conseguirá te manipular com mais facilidade. Mentir e fingir emoções são as coisas mais fáceis para essas pessoas, que fazem de tudo para atingir seus objetivos: inventam histórias, deturpam situações, simulam sentimentos; porém, quando conseguem o que queriam, mudam de alvo e descartam sua vítima.

Por se sentirem seres privilegiados, os narcisistas transformam pequenas coisas que lhes desagradam em grandes brigas. Frequentemente, explodem e se dizem extremamente magoados, desvalorizados e não amados. São especialistas em culpabilizar você, para que se sinta na obrigação de provar seu amor e ceder ainda mais, perdendo sua identidade e dando mais suprimento a eles. É comum, inclusive, eles ameaçarem se matar no meio de uma briga, só para te deixar mal. Lembra o que falamos lá no capítulo anterior sobre chantagem emocional? Pois é. Tudo isso para causar uma confusão em que você se questionará: "O que será que fiz de errado?"; "Como faço para reverter isso?"; "O que eu poderia ter feito diferente?"; "O que eu fiz para transformar aquela pessoa perfeita em alguém assim?".

ROTEIRO DO ABUSO

Com todas essas características, você já deve ter identificado quais são as vítimas preferidas dos narcisistas, não é? Como eles são os reis da manipulação, atraem pessoas empáticas, carentes ou com perfil de "salvadoras". Com suas histórias tristes e comoventes, seduzem essas pessoas e sabem exatamente como manejá-las através da emoção. Eles vão utilizar de forma coordenada as ferramentas que descrevi no capítulo anterior: a chantagem emocional e o drama são atitudes típicas para fazer as vítimas se sentirem culpadas. Com a alteração abrupta de cenário, do bombardeio de amor para o desprezo e a invalidação, a vítima se sente muito confusa, como se estivesse enlouquecendo – essa tática de manipulação é chamada de gaslighting. As pessoas salvadoras farão de tudo para consertar o outro e fazer dar certo; as empáticas terão dó, porque ele apresenta um comportamento manipulador. É uma dinâmica destruidora. As pessoas com baixa autoestima também são presas fáceis dos narcisistas, porque costumam aceitar migalhas e acabam se submetendo a situações abusivas em troca de amor.

Na verdade, esse comportamento esconde insegurança e inveja. A pessoa narcisista quer o que você tem, a posição que você ocupa, te usar como troféu e se aproveitar de suas conquistas. Ao mesmo tempo, ela precisa diminuir seu valor para se sentir superior, mas isso só vai durar enquanto você for útil para esse propósito, porque nada do que você fizer será suficiente. As exigências vão aumentando a cada dia, porém você não poderá cobrar da mesma forma, senão ouvirá acusações de loucura e injustiça. Essa pessoa se fará de vítima de todas as circunstâncias, e não só no relacionamento de vocês, mas em todas as áreas da vida. Sempre colocará seu amor em xeque e exigirá uma prova dele. Isso acontece para que você perca cada vez mais sua identidade e se distancie da sua essência; a partir desse ponto, você sente que não serve mais e que pode ser descartado(a).

Uma das armas de manipulação do narcisista é o tratamento de silêncio. Quando você faz algo de que ele não gosta, vocês brigam ou ele se irrita, ele não falará mais com você, inclusive vai bloquear seu contato nas redes sociais e nos aplicativos de mensagens. Faz isso para que você entre em desespero para conversar com ele e desvie o foco de algo ruim que ele aprontou.

Depois que já te sugou, te destruiu e acabou com sua autoestima, essa pessoa te abandona e parte para a próxima vítima rapidamente, como se você nunca tivesse existido. O importante é conseguir um novo suprimento ou uma nova pessoa para sugar. No entanto, quando há o descarte, a pessoa narcisista não finaliza a relação de forma definitiva, mas fala algo do tipo: "Precisamos dar um tempo", "Estou confuso(a)", "Preciso pensar", "Seja o que Deus quiser", "O que tiver que ser, será", "Quem sabe um dia você melhora e eu volto". Ela não fecha ciclos, porque precisa te deixar na dúvida se terminou mesmo. Faz isso esperando que você recupere a energia para que possa ser sugada de novo.

Os narcisistas costumam regressar quando necessitam de mais suprimentos, que tanto podem ser bons (por exemplo, sexo, sucesso, comida, dinheiro ou carinho) como ruins (brigas e agressões). Eles precisam sentir que ainda mexem com você de alguma maneira. Precisam se sentir importantes. Adoram quando geram desordem e desequilíbrio em sua vida. Isso preenche o ego deles. Voltam também quando não acham alguém mais interessante que você. O discurso é: "Não consegui te esquecer", "É você que eu amo" e por aí vai. Às vezes, até estão bem em um novo relacionamento, mas, como já sabemos, a traição faz parte da rotina, e eles querem sentir que ainda te controlam.

Nesse retorno da pessoa narcisista, você não apresenta resistência, afinal, tem vício no relacionamento abusivo; portanto, acaba aceitando as migalhas de amor que ela dá. Então, a pessoa te chama de volta para a relação, dizendo que dessa vez vai mudar. Essa dinâmica é o que chamamos de hoovering, que acontece quando a pessoa narcisista se vale dos pontos fracos de sua vítima para retomar o contato e, assim, exercer novamente sua influência sobre ela.[3] Porém, com a volta da relação, nada muda. Aliás, só piora.

---

[3] HOOVERING: oito sinais de que você é vítima de um narcisista. *WeMistic Brasil*. Disponível em: https://www.wemystic.com.br/hoovering-sinais-vitima-narcisista. Acesso em: 30 jul. 2023.

OS TIPOS DE RELACIONAMENTOS TÓXICOS

Sempre que quiser reatar, o narcisista vai prometer várias mudanças e jurar que tudo será diferente. Então, depois que destruir sua vida mais uma vez, vai descartar você de novo. E assim voltamos ao início do ciclo da violência. Tudo isso causa um profundo trauma nas pessoas que se relacionaram com narcisistas. Assim, o início dos próximos relacionamentos tende a ser complicado, porque, quando elas começam a se envolver e ser bem tratadas, lembram-se do início com o narcisista e chegam a desistir por medo.

Pelo bem da sua saúde mental, o ideal é não saber o que acontece com a pessoa narcisista depois do rompimento de vocês, já que ela troca rapidamente de parceiro ou parceira após o descarte. Na fase final da relação, você verá a nova vítima e achará que é amor, questionando-se onde errou e sentindo culpa, mas isso é apenas um vício e a consequência de uma chuva de manipulação.

Se você tem filhos com o narcisista, não poderá cortar totalmente o contato, mas pode limitar a comunicação a somente questões relacionadas a eles, usando um meio de comunicação distante e formal, como o e-mail. Não demonstre que essa pessoa ainda mexe com você, mesmo que te irritando. O ideal é disponibilizar um telefone para que seus filhos falem com o narcisista – desde que tenham idade suficiente para terem autonomia na comunicação –, assim você evita o contato direto.

RELACIONANDO-SE COM O BORDERLINE

Assim como o narcisismo, borderline também é um transtorno de personalidade – conhecido em português como transtorno de personalidade limítrofe – e traz graves consequências tanto para o indivíduo quanto para as relações que este estabelece com os outros. Aqui vamos entender um pouco desse transtorno e traçar algumas comparações com o comportamento do narcisista.

Enquanto o narcisista é praticamente isento de emoções e por isso as manipula, o borderline é dominado por elas, vivendo no limite máximo de seu emocional. O borderline sente tudo e de forma exagerada. Enquanto o narcisista trai sem culpa, o borderline se sente extremamente culpado, sofre com muita intensidade e tende a se autoflagelar através de machucados, excesso de álcool, drogas, comida, remédios e sexo, chegando a tentativas de suicídio ou até mesmo ao ato consumado.

Uma das características mais marcantes da personalidade borderline é a oscilação brusca de comportamentos, ou seja, a pessoa vive no limite do controle e descontrole, que pode variar de uma hora para outra por motivos pequenos. São pessoas instáveis emocionalmente e extremamente reativas. Apesar de não haver uma causa específica, as pessoas acometidas por esse transtorno apresentam baixa tolerância à frustração, o que se relaciona com um medo exagerado de abandono e de rejeição. Essas características as tornam controladoras, com muita rigidez e inflexibilidade nos relacionamentos afetivos, ou seja, as coisas sempre precisam ser como elas querem.

Por essa razão, costumam ser pessoas difíceis de lidar, dependentes emocionalmente e com uma identidade muito influenciável; elas são, como se diz popularmente, "Maria vai com as outras". Em geral, essa pessoa não termina seus projetos, considera que tudo dá errado para ela, não estabelece vínculos sólidos e vive procurando se encaixar. Sua vida é regada a conflitos.

Em seu livro *Mentes que amam demais*, a psiquiatra Ana Beatriz Barbosa Silva pontua: "Em função do caos emocional que vivenciam em seu interior, os borders tentam se equilibrar exercendo controle tanto sobre as pessoas que lhes são importantes quanto o ambiente ao redor. É claro que essa fiscalização, além de não trazer paz emocional, costuma desgastá-los a tal ponto que os coloca em permanente estado de alerta". Como vivem nesse estado de alerta, apresentam níveis elevados de estresse, ansiedade, raiva e ira, de modo que não conseguem ajustar suas reações e acabam explodindo, gerando conflitos ou compensando nas compulsões. Portanto, os borders podem ter comportamentos abusivos.

Além de controladores, os borders gostam de atenção e nunca acham que estão recebendo o suficiente, por isso acabam cobrando excessivamente seus parceiros. Além disso, seus pensamentos sobre si e sobre o outro oscilam com muita frequência, demonstrando uma insegurança que muitas vezes leva a humilhações e manipulações.

Os borders e os narcisistas costumam se atrair. Os primeiros enxergam os segundos como pessoas fortes e com elevada autoestima e por isso se encantam com eles em busca da segurança que lhes falta. Ao mesmo tempo, por serem inseguros e dependentes emocionalmente, os borders são presas fáceis dos narcisistas.

Meu objetivo com a descrição desses transtornos é acender luzes de alerta para problemas que podem surgir nos relacionamentos. Não pretendo, com isso, dizer que as pessoas com esses transtornos são vilãs ou querem causar o mal propositalmente. Muito pelo contrário. Quero apresentar as características desses transtornos porque é comum que a pessoa que se relaciona com alguém nessas condições busque se tornar a cura ou a salvação para esses problemas. Cuidado com esse comportamento, pois você pode acabar entrando em situações tóxicas das quais será bastante difícil se desvencilhar. O importante é ter em mente que, nesses quadros, é imprescindível o acompanhamento terapêutico por profissionais qualificados. Além disso, se de algum modo você se identificou com os transtornos apresentados aqui e considera que pode ter alguma dessas condições, procure ajuda especializada.

3
OS MECANISMOS DE MANIPULAÇÃO

O CIÚME "PATOLÓGICO"

ANTES DE COMEÇAR a falar sobre o ciúme patológico do relacionamento abusivo, é importante frisar que Freud[1] considera o ciúme um estado emocional normal, assim como o luto, e que pode ser classificado em três tipos: normal, projetado e delirante.

---

[1] FREUD, S. Sobre alguns mecanismos neuróticos no ciúme, na paranoia e na homossexualidade. (1922). *In*: FREUD, S. *Obras Completas, volume 15*: Psicologia das massas e análise do eu e outros textos (1920-1923). São Paulo: Companhia das Letras, 2011, p. 209-224.

O primeiro é aquele em que há certa rivalidade com a pessoa desejada. O segundo é quando a pessoa esconde algo no seu tapete psíquico e projeta no outro. Por exemplo, o ciumento tem desejos por outras pessoas, então acha que o outro sente o mesmo e por isso tem ciúme. O último é quando a pessoa sai da realidade e vê coisas que não existem.

A psicanalista Ana Suy, no seu livro *A gente mira no amor e acerta na solidão*, faz uma observação importante: "O ciúme é esperado quando se ama porque estamos em tempos de uma psicopatologização excessiva, em que qualquer mal-estar pode ser lido rápido demais como psicopatológico ou tóxico, levando as pessoas às defesas e aos isolamentos". Ou seja, o fato de que, na atualidade, qualquer sinal é considerado tóxico é um perigo, já que nem todo ciúme é patológico. Outro ponto crítico é que as manifestações por parte da pessoa abusiva começam bem discretas e podem não ser identificadas prontamente.

No começo, o ciúme tem um verniz de cuidado e proteção, mas depois vira um verdadeiro inferno. E quer saber o pior? Geralmente, nesse tipo de relação, ele vem de ambos os lados, uma vez que o relacionamento tóxico é envolvido em tantas mentiras e manipulações que você realmente pode desenvolver um ciúme que nunca teve. Às vezes, você nem se reconhecerá mais. Tudo isso nos acende o alerta para identificar que não faz bem o relacionamento em que não há confiança ou no qual já houve uma quebra dela.

Vou contar a história do Ricardo e da Débora. Eu os conheci em um curso de autoconhecimento em que eles estavam tentando resgatar a relação. Conversei longamente com ela durante os quatro dias em que estivemos juntos nessa imersão. Ela me confessou que eles tinham uma relação tóxica e estavam tentando fazer terapia de casal. Segundo ela, o que mais a incomodava era o fato de ele a culpabilizar por tudo o que acontecia.

Eles se conheceram em uma reunião de trabalho e, depois de um tempo, apaixonaram-se. Débora era linda, extrovertida, engraçada, falava bem. Ricardo estava um pouco acima do peso, mas era um cara muito gentil, simpático, refinado e conquistador. Por um lado, se tornaram um casal que chamava a atenção por essas qualidades. Por outro, eles brigavam muito por causa de redes sociais e mensagens de WhatsApp. Ela postava tudo o que acontecia com eles e tinha um perfil aberto. Ele, por sua vez, tinha um perfil fechado e não postava nada. Em compensação, o WhatsApp dela se restringia às mensagens de trabalho e de familiares; o dele, a trabalho, milhões de "amigas", grupos de pornografia e duzentas mil "ex".

No dia em que se envolveram pela primeira vez, ele já sabia que Débora havia sido traída no passado, então supunha que para ela confiança deveria ser a base do relacionamento. Em um momento em que estavam abraçados, ele entrou nas mensagens do Instagram e ela observou que as conversas eram todas com mulheres e que havia muitos corações. Como ele percebeu que ela ficou intrigada, disse que gostava dela e até poderia entregar a senha de seu perfil se ela quisesse.

Com o tempo, Ricardo passou a ter um ciúme exagerado das postagens dela, reclamar de roupa, olhar quem curtia e quem comentava, dizer que ela parecia uma mulher fácil nas redes sociais, entre outros absurdos. Débora estranhou a mudança de comportamento e decidiu investigar. Ele, sim, curtia fotos de mulheres, comentava imagens delas de biquínis e continuava trocando mensagens com outras. Se ela reclamava, era porque tinha um "ciúme patológico" ou estava "ficando louca". Entendeu a dinâmica? Como flertava com outras mulheres, ele achava que os caras também flertavam com Débora. Como não respeitava a própria namorada, concluía que todos eram iguais a ele. Ele dizia: "Não poste, porque o simples fato de algum homem curtir já me faz mal, parece que você está disponível".

Um dia, um ex-namorado, com quem ela não falava há tempos, mandou uma mensagem. Ricardo exigiu que ela o bloqueasse, excluísse e cortasse o contato com esse ex. Ele dizia que ela precisava provar seu amor. Ela acatou. Enquanto isso, ele conversava com todas as ex e apagava as mensagens. Se ela, por acaso, o via batendo papo com alguma, ele alegava: "Mas não temos mais nada a ver, somos amigos".

Ele poderia ter amigas mulheres, sair para bares com elas, ir a churrascos na casa de alguma delas, tudo sozinho, sem Débora. Ela, porém, mal podia jantar com as amigas porque ele sempre entendia suas saídas como uma possibilidade de ser traído. Ele mentia muito e, se ela descobria e brigava, as amigas dele que não sabiam da história opinavam: "Larga essa louca, ela só te faz mal". Débora era taxada de ciumenta e maluca por todos, enquanto ele era "o santo". Isso ocorria principalmente porque Ricardo evitava que ela convivesse no seu mundo. Essa era a imagem que ele construiu dela para os outros.

Enquanto Débora abria mão de amizades, contato com o passado, postagens, de ser ela mesma, só para provar seu amor, ele não só não mudava em nada como continuava criando desculpas esfarrapadas a cada descoberta. Mesmo com tudo isso, estava lá na imersão tentando melhorar o relacionamento. Ele, apesar de tudo, a acompanhava. Você deve estar se perguntando por que eles ainda estavam juntos. A gente não pode julgar, afinal, deveria haver coisas boas na relação, tanto que eles começaram uma terapia de casal.

Essa história serve para mostrar como o ciúme e a falta de confiança podem destruir o psicológico das pessoas. Aqui tivemos uma ilustração de como, em um relacionamento tóxico, o ciúme não se manifesta apenas pelo comportamento doentio do abusador de querer podar todos os passos do outro. Nesse caso, vimos como as manipulações e mentiras dele prejudicaram a confiança mútua. Com um ambiente de desconfiança, ele passou a projetar nela seu comportamento inadequado, o que pode fazer a outra pessoa se tornar alguém irreconhecível. Ela nunca tinha sido ciumenta, mas acabou sendo apresentada como "a louca" da história. Essa dinâmica nos leva a observar com mais atenção o uso de mentiras, como veremos no próximo tópico.

CHANTAGEM EMOCIONAL

Temos visto até aqui que uma coisa marcante em um relacionamento abusivo é a manipulação, colocada em prática de distintas formas. Uma das principais é o uso reiterado de mentiras com o objetivo de chantagear emocionalmente alguém. Essa prática muitas vezes é estabelecida já no início da relação, quando há uma chuva de elogios e declarações de amor que fazem você se sentir como nunca na vida, mas depois você percebe que nem tudo era verdade e seu castelo rui. Para envolver alguém, a pessoa abusiva se utiliza do bombardeio de amor com o intuito de enganar e dominar.

A noção de chantagem emocional passou a ser utilizada em meados dos anos 1990 a partir das publicações da doutora Susan Foward e, em linhas gerais, refere-se ao comportamento de ameaçar alguém para obter algo dessa pessoa. Muitas vezes essa ameaça pode ser velada. Nesse caso, é comum que a pessoa abusadora utilize uma vulnerabilidade da vítima para criar uma insegurança emocional ou explore o sentimento de culpa. Vejamos no quadro a seguir como essa dinâmica ocorre:

---

1. A DEMANDA

Neste primeiro estágio, a pessoa abusadora apresenta uma demanda de forma sutil. Por exemplo: "Você não fica bem com essa roupa, acho que deveria usar algo mais discreto".

2. A RESISTÊNCIA

A vítima começa a perceber que algo está errado e apresenta o primeiro sinal de negativa a esse pedido desagradável: "Eu sempre usei esse tipo de roupa, não vou mudar".

3. A PRESSÃO PSICOLÓGICA

Como não desiste facilmente de obter o que deseja, a pessoa chantagista utiliza recursos um pouco mais dramáticos, como dizer: "Eu só estou falando pelo seu bem, porque te amo". Dessa maneira, busca mostrar que está sendo motivada por uma preocupação legítima.

ROTEIRO DO ABUSO

4. A AMEAÇA

Em um estágio mais avançado, a pessoa tóxica passa a se valer das possíveis consequências negativas que essa resistência pode causar, com o objetivo de culpar a vítima pela situação: "Eu não vou andar assim com você. Você não tem noção e não se importa comigo".

5. A INTIMIDAÇÃO

A vítima acaba cedendo à pressão para que a relação volte a um estágio de tranquilidade. Assim, deixa de lado seus interesses e desiste de defender aquilo em que acredita.

6. O NOVO CICLO

Ao aceitar o ponto de vista da pessoa tóxica, a vítima volta a se sentir em um aparente mar de rosas, afinal, para que esse ciclo seja alimentado, aquele que abusa precisa oferecer a ilusão de que todos saem ganhando.

OS MECANISMOS DE MANIPULAÇÃO

Caio era uma dessas pessoas. Ele estava em dúvida entre a ex, Flávia (que não era tão ex assim), e a atual, Fabiana. Era o típico "em cima do muro", conquistador e agradável com todos. O rei do "contatinho"! Mesmo dividido entre duas mulheres, ainda conseguia ficar de conversinha com outras tantas.

Bom, mas onde entra a chantagem emocional nesse caso? Caio namorou Flávia por dez anos. Ele costumava sair com outras mulheres durante o relacionamento, mas dizia que "nunca teve amantes" – na cabeça dele, eram apenas "saidinhas ocasionais". Segundo ele, isso era fidelidade, já que não mantinha relações paralelas. Sempre tratou Flávia bem, dava tudo do bom e do melhor para ela; o sexo era bem morno, mas eles mantinham uma relação estável e "tranquila". Coloco entre aspas porque ele não podia ser contrariado. Quando isso acontecia, ela era obrigada a acatar tudo que ele dizia. Somente nessa dinâmica o relacionamento dava certo.

Um dia, ele conheceu Fabiana, se apaixonou por ela e decidiu terminar com Flávia. Apesar de a ex ser uma mulher linda e inteligente, a nova era diferente e tinha todo um sex appeal, o que o irritava. Além disso, ela era independente e bem-sucedida e não queria que ninguém mandasse em sua vida. Tentava colocá-lo na linha em relação aos "contatinhos" e o fiscalizava, porque sabia que o relacionamento anterior era recheado de "sexo ocasional sem apego" por aí. Caio não sabia lidar com esse jeito de Fabiana e acabava irado. Ele tinha um ciúme doentio e explodia sempre que não conseguia controlá-la. Quando as coisas não saíam do seu jeito, ele apelava para a chantagem emocional. Outra forma manipuladora de se manter no controle da situação era continuar dando esperanças para sua ex e ir levando até onde fosse possível com a atual. Assim, se tornou o mestre da manipulação com ambas.

Para Flávia, ele dizia que estava dando um tempo e que se sentia confuso. Para a atual, dizia que não estava pronto para assumir um romance até que ela mudasse seu comportamento. Nesse contexto dúbio, ele e a ex decidiram morar juntos na casa dela, mas ele acabara de alugar um novo apartamento sozinho. Flávia observou que ele já estava comprando tudo novo e questionou: "Por que televisores novos se na minha casa já tem?". Ele respondeu: "Quando voltarmos, quero começar uma história diferente e os objetos fazem parte disso". Com a atual, que não acreditava muito nele, ele usava os mesmos equipamentos para se justificar: "Não quero mais voltar com a Flávia, tanto que já comprei televisores novos para meu novo apartamento". Note que assim ele deixava subentendido que poderia ir embora a qualquer momento, caso se sentisse contrariado na relação. Enquanto para ex ele dizia "Te amo forever", para a atual era "Você é a mulher que mais amei na vida", pois precisava criar uma promessa de recompensa para o "bom comportamento" de ambas.

Um dia, Fabiana postou um prato que ele havia preparado para comemorar mais um mês de namoro deles. Flávia já conhecia as louças da casa dele e stalkeava Fabiana. Ele escondia que já estava namorando outra, porém Flávia desconfiou e o confrontou sobre a possível relação. Depois desse dia, qualquer postagem de Fabiana era controlada por ele. E não! Ele não a deixava postar nenhuma fotografia com ele. No início do namoro, quando a ex ainda não sabia, ele gostava que Fabiana postasse as viagens românticas, assim evitava que outros homens chegassem nela. Nunca com ele, óbvio! Mas quando passou a dar esperanças para as duas, ele chegou a acabar com um final de semana porque a atual postou a foto de um café da manhã no quarto do hotel romântico onde eles se encontravam.

Na véspera do aniversário de Caio, ele e Fabiana brigaram e ele a deixou em casa. Na mesma hora, recebeu mensagem de Flávia e já a convidou para passar o aniversário com ele. E assim agia por diversas vezes, enganando uma ou outra. Alternava dando esperanças, momentos incríveis, migalhas e desrespeito. Ele não gostava de nenhuma; gostava apenas de si mesmo. Não queria perder nada; queria o melhor dos dois mundos: a segurança e tranquilidade de uma e a paixão e emoção da outra.

As duas eram pessoas corretas, inteligentes, bonitas, mas infelizmente caíram nas chantagens emocionais dele. Os jogos mentais eram tantos que elas acabavam confusas: ao mesmo tempo que se sentiam amadas, sabiam que ele mentia. Ele chorava para ambas, se emocionava, se dizia incompreendido, fazia cenas dramáticas e exageradas.

E como termina essa história? Fabiana acabou esgotada por não confiar mais nele, porque, para cada coisa que ela descobria, ele tinha uma desculpa. Quando ele percebeu que ela tinha muitas provas e poderia tornar tudo público, forjou uma briga grave e a deixou como a "louca" da história. Flávia havia desenvolvido uma dependência emocional por tê-lo namorado durante dez anos e não sabia mais o valor que tinha. Ela tentou mais um pouco, até que ele achou alguém mais interessante que ela ou alguém que ele conseguia enganar melhor.

Dessa forma, entendemos como as mentiras e manipulações são utilizadas pela pessoa abusadora para que as vítimas se sintam perdidas e confusas. O ciclo da chantagem emocional começa com uma mentira, o outro descobre e questiona, ouve uma chuva de justificativas vazias e recebe o contra-ataque, com a pessoa abusiva dizendo que a vítima está louca, exagerando ou sentindo um ciúme doido, como se não houvesse motivo para nada disso. Depois, a pessoa tóxica pede desculpas ou nega na cara de pau mesmo, mas sempre com um bombardeio de amor, para que a vítima sinta saudade daquele começo e queira curtir a fase de lua de mel de novo. Assim o outro fica preso debaixo de uma chuva de amor alternada com manipulações e mentiras.

Essa sequência de chantagens que fazem a vítima questionar sua razão é mais comum do que parece e afeta mesmo pessoas inteligentes, como vimos no caso descrito aqui. A seguir, vamos falar mais sobre outro tipo de abuso psicológico, que consiste em questionar de modo sutil e velado a sanidade da vítima: o gaslighting.

GASLIGHTING

Já ouviu as pessoas usarem frases como "Você é louca!" ou "Ele era maluco, um doente" para descrever mudanças repentinas de humor e reações desproporcionais a acontecimentos negativos da rotina? Todos estamos sujeitos a passar por episódios de desequilíbrio emocional em algum momento da vida, mas devemos ter atenção quando é recorrente o ato de uma pessoa desqualificar a outra por conta de sua sanidade. Nesse caso, o mais provável é estarmos diante de um tipo de abuso psicológico chamado gaslighting, em que o agressor sutilmente distorce fatos, omite seletivamente informações para favorecer a si mesmo, mente ou inventa histórias a fim de que a vítima se sinta confusa e duvide da própria sanidade. É manipulação pura! Para completar o cenário, a pessoa tóxica age para que a vítima realmente pareça louca perante a sociedade, sem deixar pistas de que, na verdade, está havendo uma violência psicológica.

ROTEIRO DO ABUSO

Em seu artigo, a jornalista Maíra Liguori[2] aponta que gaslighting é uma violência emocional realizada através de uma manipulação psicológica que distorce fatos e acontecimentos, fazendo com que a vítima e todos ao seu redor comecem a desconfiar que ela enlouqueceu ou que é incapaz. Dessa forma, o abusador ganha poder e controle sobre a vítima.

Podemos ilustrar esse tipo de situação com a história de Gisele e Marcel. Marcel era um médico que se destacava pela inteligência e pelo charme. Antes de iniciar esse relacionamento, ele já tinha uma lista de pretendentes graças ao seu carisma. Não era um homem bonito, mas sedutor. Encantava com sua conversa e nunca fechava a porta para nenhuma das suas admiradoras. Nos relacionamentos anteriores, nunca fora uma pessoa muito fiel.

Gisele era uma advogada que chamava bastante atenção pela beleza, porém era mais reservada. Apesar de ser bonita, o que mais chamava a atenção nela era sua bondade. Sabe uma mulher do bem? Pois então, justamente essa mulher caiu nas garras de um verdadeiro manipulador. Mesmo namorando Gisele, Marcel seguia alimentando as esperanças e trocando mensagens com várias outras mulheres. Além disso, tomava

---

[2] LIGUORI, Maíra. O machismo também mora nos detalhes. *Portal Geledés*, 9 abr. 2015. Disponível em: https://www.geledes.org.br/o-machismo-tambem-mora-nos-detalhes/. Acesso em: 2 ago. 2023.

o cuidado de apagar as conversas escritas, dar telefonemas escondidos, sair para encontros nos horários das refeições; tudo às escondidas. Como ele aprontava, sua tática era dar um jeito de fazer com que a namorada parecesse uma louca de ciúmes sem que ele desse motivo algum. Enquanto isso, ele tinha todas as senhas e controlava todas as comunicações dela.

Mesmo com o cuidado de não deixar rastro nenhum, acontecia de ela encontrar alguma mensagem ou ligação suspeita e até descobrir saídas clandestinas, e assim as brigas se tornaram intermináveis, ao que ele não somente negava como era capaz de inverter a situação e acusá-la exatamente daquilo que ele fazia. Ele tinha a desculpa perfeita para todas as besteiras que cometia, e esse jogo de manipulação de acontecimentos e palavras a deixava cada dia mais confusa.

É muito comum que as estratégias de manipulação sejam usadas de modo combinado, então ele também apelava para a chantagem emocional – como vimos no tópico anterior –, dizendo coisas como: "Imagina se eu faria isso com você, você é a mulher da minha vida". Desse modo, ele usava da chantagem para invalidar a percepção de Gisele sobre os fatos, assim, ela saía como a "louca ciumenta" da história.

Para os amigos, ele dizia que ela tinha um ciúme doentio, sem motivos, e que as brigas ocorriam por culpa dela. Dizia que ela estava doente psicologicamente e emocionalmente desequilibrada, que via coisas que não existiam. Gisele passou a se questionar se ela realmente era "doida" e imaginava coisas ou se ele a manipulava. Assim, ela que era, antes, uma mulher calma e serena, foi se descontrolando. Ele adorava que ela se sentisse assim e se aproveitava ainda mais da situação, porque poderia continuar mentindo à vontade que sairia como o correto, e ela, a errada. Com o tempo, ele passou a contar para as pessoas pedaços descontextualizados de situações, que não condiziam com a realidade, mas que davam a entender que ela tinha perdido a lucidez. Ele gostava quando ela se desestabilizava porque podia dizer que ela era louca e precisava de tratamento psiquiátrico. Até que um dia, ela surtou! Saiu do eixo e viu que realmente precisava de ajuda profissional.

Na consulta com o psiquiatra, ao relatar os fatos, chegou a pedir um laudo sobre sua sanidade mental. O médico a alertou de que ela estava em uma relação abusiva e de que isso estava tirando seu equilíbrio. Ele disse que, com a alta recorrência de mentiras, omissões, brigas e manipulações, se ela não saísse da relação, realmente enlouqueceria. Esse foi o aviso de que ela precisava para dar um basta nesse relacionamento.

Quando Gisele decidiu colocar um ponto-final, Marcel não se conformou. Ameaçou se suicidar, chorou copiosamente e, dois dias depois, mandou a seguinte mensagem: "Se algo acontecer comigo, saiba que você foi a pessoa que mais amei nesta vida". Ela se desesperou, passou o dia tentando contato e nada.

Mandava mensagem no WhatsApp que não chegava, ligava e era direcionada para a caixa postal, enviava e-mail e nada. No dia seguinte, soube que Marcel se internou para se submeter a uma cirurgia plástica. Não parece verossímil que quem está para se matar faça um procedimento estético, certo? Assim, ela teve certeza de que aquele era apenas mais um jogo de manipulação.

No tópico anterior, narrei os relacionamentos de Caio, que também praticava gaslighting ao chamar Fabiana de doida para, dessa maneira, omitir mais facilmente que ele seguia dando esperanças para Flávia. Isso nos mostra como a violência psicológica muitas vezes é colocada em prática por meio da combinação de mais de uma estratégia de manipulação.

Essa mistura de táticas de abuso torna mais difícil o processo de detectar prontamente que uma pessoa é abusadora, mas existem alguns sinais que nos ajudam a identificar um comportamento tóxico. Um cuidado importante quando você conhecer alguém é notar se essa pessoa diz "Só tive ex doido(a)", porque a próxima pessoa "louca" pode ser você. O que será que provocou essa suposta loucura nos relacionamentos anteriores dessa pessoa? A resposta pode estar nos atos mais sutis e discretos, muitas vezes entendidos como problemas "naturais" de um relacionamento. Os mecanismos que vimos até aqui neste capítulo – o ciúme patológico, a chantagem emocional e o gaslighting – podem aparecer nos primeiros sinais e nas primeiras falas nos encontros iniciais, mas nem sempre os enxergamos. A seguir, vamos falar sobre uma das formas mais conhecidas de violência psicológica: a traição.

AS TRAIÇÕES

O que significa traição para você? De modo geral, podemos dizer que traição implica a quebra de acordos afetivos e sexuais entre pessoas que formam um casal. Em relações monogâmicas, é comum que os casais combinem, mesmo que de forma implícita, que nenhuma das duas pessoas terá um relacionamento romântico ou físico com uma terceira. No entanto, a definição desses combinados pode variar conforme o que cada um dos envolvidos pensa.

Portanto, apesar de parecer uma coisa óbvia, pesquisas indicam que o conceito de infidelidade na sociedade é diferente na percepção de homens e mulheres.[3] Especificamente, eles mostram uma concepção mais flexível desse conceito: por exemplo, ter relação sexual casual é considerado traição por 71%

---

[3] MUNIZ, Camilla. Conceito de traição varia para homens e mulheres. *Extra*, 7 fev. 2014. Disponível em: https://extra.globo.com/noticias/saude-e-ciencia/conceito-de-traicao-varia-para-homens-mulheres-veja-diferenca-11529490.html. Acesso em: 30 jul. 2023.

deles *versus* 91% delas; paquerar é um ato considerado infiel para apenas 47% dos entrevistados masculinos frente a 58% da ala feminina.

Quando falamos de relações tóxicas, essas diferenças são particularmente importantes, pois muitas vezes a pessoa abusiva cobra um comportamento fiel que não corresponde às próprias ações. O famoso "faça o que eu falo, não o que eu faço". O caso que relato a seguir mostra como essa variação acaba sendo utilizada como mais uma forma de manipulação e violência psicológica.

Uma vez, minha amiga Carla conheceu um cara com quem, logo nos primeiros dias, teve uma conversa sobre traição que a chocou. Vou reproduzir a mensagem dele, que ela me mandou, na íntegra:

> *Eu nunca tive vida dupla. Nunca. Mas eu namorava e, sim, saía às vezes com outras pessoas. Não vou mentir aqui. Nenhuma namorada nunca descobriu, eu terminei todos os relacionamentos, nunca expus ninguém, mas me sentia falhando enormemente. Me permitia e vinculava a minha correção de rotas a eventos futuros. Tipo, ah, é só namoro... Quando eu ficar noivo, eu sossego... Quando eu me casar, eu sossego... Quando ela engravidar, eu sossego.*

Ele disse essas frases com o maior orgulho do mundo, como se sair eventualmente para transar com outras pessoas não fosse traição. O mais absurdo é que esse mesmo cara exigia fidelidade das namoradas e que elas fossem pessoas recatadas, que não tivessem muitos amigos homens, não se expusessem nas redes sociais nem usassem roupas com decotes ou curtas. Ele achava normal essa atitude e, por incrível que pareça, pensava ser justo exigir das companheiras um comportamento oposto ao dele. Típica relação abusiva! Perceba, pela fala dele, que ele não sentia culpa por ter traído suas namoradas, mas demonstrava tranquilidade por nenhuma ter descoberto e terminado.

Essas histórias são comuns em relações tóxicas, ou seja, a traição costuma ser um elemento presente. Minha amiga o conheceu em um aplicativo de relacionamento e viveu uma das histórias mais loucas da sua vida. Conversaram por dois meses e ele se apaixonou perdidamente; depois, confessou que estava terminando o casamento, mas que ainda morava na mesma casa que a esposa. Antes mesmo de beijá-la, já se declarava – bombardeio de amor total, como falamos no Capítulo 1.

Quando se viram pessoalmente, ela logo de cara falou que não se relacionaria com um homem casado. Pela primeira vez, ele balançou e decidiu sair de casa para viver esse romance. Carla nunca confiou nele, pois, ao mesmo tempo em que estava com ela e se dizia apaixonado, ele xavecava outras pelas redes sociais.

Em determinado momento, a ex-esposa descobriu a nova namorada e passou a odiá-la, pois pensava que Carla teria sido a causadora do divórcio deles. Mal sabia ela que ele a traiu durante o casamento com várias outras, mas justamente nesse novo relacionamento a namorada não aceitou ser amante. Ele dizia para a ex que nunca havia tido amante nem uma vida dupla. Para a atual, justificava o comportamento altamente estourado, ciumento e abusivo com as migalhas de que pelo menos "estava sendo fiel e não trocava mensagem com mais nenhuma mulher". A ex mantinha um sentimento de ódio por Carla sem se dar conta de que o término tinha sido a melhor coisa que poderia ter acontecido em sua vida naquele momento, já que ela merecia alguém melhor. No fim, o relacionamento com nenhuma das duas deu certo.

 E por que eu falei tudo isso? Para exemplificar a ideia levantada no início do capítulo de que, geralmente, nos relacionamentos tóxicos, há muita traição. O pior é que essa enganação vem sempre recheada de alguma justificativa: "Ela não transava comigo", "Ele não me dava atenção", "Foi só um sexo casual", "Apenas uma tarde no motel com meu personal", "Ela só cuida dos filhos agora", "O que os olhos não veem, o coração não sente".

 Ninguém está livre de se apaixonar por outra pessoa estando em um relacionamento, mas o que você fará depois que surgir esse sentimento é o que determina seu caráter. Não julgo quem já traiu, porque existem inúmeras dinâmicas sistêmicas por trás de um relacionamento extraconjugal que, algumas vezes

– pasmem –, beneficiam o casal. A traição vem mostrar que algo não está bem ou que há uma lacuna na relação. Porém, na dinâmica abusiva, o tóxico costuma trair sempre, manipular toda uma situação, esconder, enganar e, por fim, jogar a culpa na pessoa traída. Além disso, como trai, se torna ainda mais abusivo, com crises de ciúmes homéricas, porque projeta seu comportamento na outra pessoa e acha que esta pode fazer o mesmo.

Errar é humano. Que atire a primeira pedra quem nunca cometeu algum equívoco. Porém, é preciso ter atenção quando a quebra de acordos é algo recorrente, principalmente quando acompanhada de mentiras para acobertar a situação, justificativas frívolas ou culpabilização de quem foi traído. Afinal, como vimos ao longo deste capítulo, o ciúme patológico, a chantagem emocional, o gaslighting e as inúmeras traições são características comuns que nos ajudam a identificar que estamos em uma relação tóxica. Agora que conhecemos esses indícios comuns em muitos relacionamentos tóxicos, vamos tratar, no próximo capítulo, dos tipos de violência.

4
OS TIPOS DE VIOLÊNCIA

O CAMINHO PARA A VIOLÊNCIA FÍSICA

EM UM PASSADO NÃO TÃO DISTANTE, quando falávamos de violência doméstica, as pessoas logo imaginavam agressão física. Hoje, a grande maioria sabe que violência não é só bater e já conhece a violência psicológica. Sabemos que a famosa frase "Mas ele nunca me bateu" não garante, por si só, que uma relação não seja abusiva. Ao contrário da física, a violência psicológica é silenciosa, vai matando em doses homeopáticas. Ela destrói sua vida e você demora para perceber. Em contrapartida, quando apanha, você passa a ter uma noção melhor da gravidade do relacionamento e escolhe se quer continuar ou se é hora de parar antes que aconteça algo pior. A violência física escancara a situação.

Com isso, podemos dizer que esses dois tipos de violência se relacionam em uma escalada, ou seja, com o tempo as agressões vão atingindo um nível mais grave. Começam com uma grosseria, pequenas mentiras, xingamentos corriqueiros; passam aos mecanismos de manipulação psicológica que vimos no Capítulo 2 e, quando a pessoa menos percebe, se transformam em agressão física. Mesmo esse tipo de ofensiva também começa aos poucos. Primeiro, um apertão mais forte no braço, depois, um empurrão, uma puxada de cabelo, um tapa; quando você se dá conta, vêm os socos e pontapés. Não são poucos os casos de mulheres que são espancadas até a morte. No ano de 2022, o Brasil registrou o maior número de feminicídios. Foram 1,4 mil mortes motivadas pelo gênero, uma média de seis a cada hora.[1] As desculpas são sempre as mesmas: "A culpa é sua"; "Você que irritou"; "Você fez algo errado"; "Você desagradou"; "Eu não estava em um bom dia e você não entendeu".

A violência física é gravíssima porque sempre tende a aumentar. No Capítulo 1, falei sobre o ciclo da

---

[1] BRASIL bate recorde de feminicídios em 2022, com uma mulher morta a cada 6 horas. *g1*, 8 mar. 2023. Disponível em: https://g1.globo.com/monitor-da-violencia/noticia/2023/03/08/brasil-bate-recorde-de-feminicidios-em-2022-com-uma--mulher-morta-a-cada-6-horas.ghtml. Acesso em: 31 jul. 2023.

violência, que passa da fase da agressão para a volta ao clima de lua de mel. Essa dinâmica também se dá quando falamos de uma violência mais grave, como é o caso da física, quando o agressor diz que estava de "cabeça quente", pede desculpas, diz que vai mudar, que isso nunca mais vai se repetir, que ama você, que não vive sem seu amor. Essa montanha-russa de emoções é exaustiva, por isso muitas pessoas acreditam nessas frases, esperam pela mudança do outro e seguem o relacionamento. Só que a fase de tensão volta e, consequentemente, as agressões. É um ciclo.

TENSÃO → AGRESSÃO → LUA DE MEL

É comum pensar que a violência física se define somente quando há um soco na cara ou algo assim, mas ela já é constatada em atos mais leves, porque carregam o potencial de ir aumentando conforme a gravidade. A Lei Maria da Penha define, no artigo 7, a violência física como "qualquer conduta que ofenda sua integridade ou saúde corporal" (Lei n. 11.340/2006). Tudo que machuca, prejudica a saúde, causa doença ou, de alguma outra maneira, viole a integridade física é violência física.

No caso de Lina, minha amiga, seu companheiro começou apertando mais forte a mão dela, depois pegando-a com agressividade pelo braço, até o dia em que houve uma chacoalhada, depois um empurrão contra a parede, chegou a um chute mais forte e, por fim, tentou enforcá-la. Foi o dia em que ela decidiu dar um basta na relação, depois de dois anos e meio. Não sem antes escutar as justificativas que já conhecemos: "Você me deixou nervoso"; "Se não fosse aquilo que você fez, eu não teria feito isso"; "Nunca mais vai acontecer"; "Estou passando por um período difícil na minha vida" etc.

A violência física, além de despertar a vítima para a gravidade da situação, ainda é mais fácil de ser comprovada do que a violência psicológica. É visível aos olhos; na maioria das vezes é sentida, literalmente, na pele. O exame de corpo de delito é um meio de prova, assim como fotos dos ferimentos. Nesse caso, é importante que a pessoa que sofreu a agressão compareça a uma delegacia para lavrar um boletim de ocorrência e realizar o exame de corpo de delito, que nada mais é do que um laudo que comprova as lesões corporais. Caso os vestígios já não estejam mais aparentes no corpo, torna-se necessário juntar outros tipos de provas, como fotos dos ferimentos e depoimentos de testemunhas. Atualmente, alguns estados brasileiros, como São Paulo, permitem que o boletim de ocorrência seja feito em um primeiro momento on-line, o que facilita essa ação da vítima.

Durante a pandemia de covid-19, os números foram alarmantes. Vítimas e agressores passaram a

OS TIPOS DE VIOLÊNCIA

conviver 24 horas por dia no isolamento social e ficaram confinados no lar. Se antes o agressor estava em casa somente em alguns momentos, na pandemia, sua presença tornou-se constante, enquanto a vítima passou a ter mais dificuldade em buscar ajuda. Nesse contexto, algumas medidas foram criadas para mitigar os casos de agressão. Por exemplo, a rede de lojas Magazine Luiza criou, em seu aplicativo para celular, um botão de emergência para que mulheres em situação de risco mandassem um sinal de alerta enquanto navegavam pelos produtos, sem levantar suspeitas. Outro exemplo é o da ex-promotora de justiça Gabriela Manssur, idealizadora do projeto Justiceiras, que oferece orientação jurídica, psicológica, socioassistencial e médica para mulheres em situação de violência.

O principal canal de denúncia no Brasil é o Ligue 180. É um canal de atendimento exclusivo para mulheres em todo o país. Além de receber denúncias de violência, como familiar ou política, o serviço compartilha informações sobre a rede de atendimento e acolhimento à mulher em situação de violência e orienta sobre direitos e legislação vigente.

O Ligue 180 pode ser acionado por meio de ligação, site da Ouvidoria Nacional de Direitos Humanos (ONDH), aplicativo Direitos Humanos Brasil, Telegram (digitar na busca "Direitoshumanosbrasil") e WhatsApp, no número (61) 99656-5008. O atendimento está disponível 24 horas por dia, incluindo sábados, domingos e feriados.

ROTEIRO DO ABUSO

A prevenção é o melhor remédio. Claro que nem sempre é possível verificar quando será a primeira agressão física, mas fique atenta aos sinais:

> - Ele grita com frequência.
> - Ele te xinga.
> - Ele se descontrola emocionalmente.
> - Ele maltrata animais.
> - Ele briga demais.
> - Ele diz que tem vontade de te agredir.
> - Ele já ameaçou te agredir.
> - Ele já te empurrou ou apertou mais forte.
> - Ele costuma quebrar objetos.

Depois desses últimos sinais, eu não recomendo que você pague para ver. A violência só aumenta a cada briga, e o risco também. Lembrando que, depois que a poeira baixar, ele sempre vai pedir desculpas e na, maioria das vezes, jogar a culpa em você.

Mas e os homens, não há lei que os proteja?

Não existe uma lei específica para eles. A Lei Maria da Penha foi criada para proteger as mulheres, consideradas mais vulneráveis em razão das estatísticas e da caracterização de que a violência que sofrem está relacionada ao simples fato de serem mulheres. No caso de a violência ser contra o homem, há vários crimes no Código Penal que podem se encaixar ao caso concreto, como lesão corporal, ameaça, perseguição. Portanto, não quer dizer que eles não estão protegidos pela lei. Estão sim. Contudo, a lei da violência contra a mulher traz situações específicas para respaldá-las, e os homens podem sofrer os crimes previstos no Código Penal. Assim, mulheres que cometem qualquer um desses crimes também podem ser responsabilizadas.

Segundo a delegada de polícia, ex-presidente do Sindicato de Delegados de São Paulo e atual Diretora da Associação dos Delegados do Brasil Raquel Gallinati, as mulheres demoram em média até a sétima agressão para denunciar seu agressor. Minha análise é que os motivos para isso incluem vergonha da exposição, medo do julgamento, vontade de preservar a família, esperança de que o agressor possa mudar, crença de que foi a culpada pela agressão, sentimento de que fracassou no amor e preocupação em manter o status social. São várias as razões que dificultam o ato de denunciar, porque isso significa assumir que você realmente é uma vítima da violência e que seu relacionamento deve acabar para que não aconteça algo pior.

Em alguns casos, nem dá tempo de denunciar, pois na primeira agressão física a vítima vem a falecer. A violência física pode levar ao feminicídio, e, como vimos aqui, o número de mulheres que morrem pelas mãos dos parceiros é assustador. Por isso é tão importante observar o comportamento do outro. Sempre haverá indícios, que muitas vezes são difíceis de aceitar – e acabamos tapando o sol com a peneira –, mas reconhecê-los é muito importante para evitar que algo pior aconteça. Na segunda parte deste livro, vou mostrar o que fazer para tomar medidas efetivas para se libertar de uma situação de vulnerabilidade como essa.

AS DEFINIÇÕES DE VIOLÊNCIA

Quando falamos de violência física e psicológica, as pessoas pensam que esses são os dois únicos tipos que existem. A Lei Maria da Penha já foi citada aqui, e ela identifica mais três: violências moral, sexual e patrimonial. Portanto, a mulher que sofre qualquer um desses cinco tipos de violência pode ser protegida com as medidas e o procedimento previsto nessa lei. Vou apresentar as definições de cada um desses tipos de violência contemplados na Lei n. 11.340 – até o momento em que este livro estava sendo escrito –, observando como elas podem coincidir.

Dois tipos de violência que quase sempre ocorrem simultaneamente: a psicológica e a moral. A Lei Maria da Penha define a primeira desta forma:

> qualquer conduta que lhe cause dano emocional e diminuição da autoestima ou que lhe prejudique e

perturbe o pleno desenvolvimento ou que vise degradar ou controlar suas ações, comportamentos, crenças e decisões, mediante ameaça, constrangimento, humilhação, manipulação, isolamento, vigilância constante, perseguição contumaz, insulto, chantagem, violação de sua intimidade, ridicularização, exploração e limitação do direito de ir e vir ou qualquer outro meio que lhe cause prejuízo à saúde psicológica e à autodeterminação.

É comum que essas condutas de violência psicológica, também já mencionadas neste livro, estejam acompanhadas de violência moral, definida pela Lei Maria da Penha "como qualquer conduta que configure calúnia, difamação ou injúria", ou seja, quando há um ataque à honra da pessoa. O termo, calúnia, caracteriza a situação em que uma pessoa diz de forma mentirosa que a outra cometeu um crime. Já difamação significa destruir a boa imagem ou o crédito de alguém diante de outras pessoas. Por fim, a injúria ocorre quando há atribuição de palavras ou qualidades ofensivas ao outro, desqualificando a pessoa. Consegue perceber como a violência psicológica e moral podem caminhar juntas?

Em 2021, tivemos uma grande mudança legislativa: a violência psicológica contra a mulher passou a ser tipificada como crime também no nosso Código Penal, e não somente na Lei Maria da Penha, definido da seguinte forma no artigo 147 B:

> Causar dano emocional à mulher que a prejudique e perturbe seu pleno desenvolvimento ou que vise a degradar ou a controlar suas ações, comportamentos, crenças e decisões, mediante ameaça, constrangimento, humilhação, manipulação, isolamento, chantagem, ridicularização, limitação do direito de ir e vir ou qualquer outro meio que cause prejuízo à sua saúde psicológica e autodeterminação.

É interessante observar que, para configurar crime de violência psicológica, é necessária a comprovação do dano emocional causado à mulher. Não basta a conduta do homem; é preciso também que haja um abalo. Esse desequilíbrio emocional será comprovado por meio de perícia psicológica, ou seja, as provas juntadas, como mensagens, ameaças, gravações e e-mails não são suficientes; é necessária também a comprovação de dano emocional pela análise psicológica.

Outro tipo de violência muito recorrente nas relações afetivas é a sexual. Apesar de geralmente ser entendida somente pelo ato de obrigar a parceira a transar, ela é muito mais abrangente. Pode estar relacionada tanto ao ato sexual em si (obrigar a fazer, obrigar a ver, obrigar a participar) como à autodeterminação da mulher, quer dizer, quando o parceiro limita o poder de escolha da mulher e decide sozinho o método contraceptivo, se vão ter filhos, se ela deve abortar, entre outros exemplos. A Lei Maria da Penha traz as seguintes condutas como violência sexual:

> qualquer conduta que a constranja a presenciar, a manter ou a participar de relação sexual não desejada, mediante intimidação, ameaça, coação ou uso da força; que a induza a comercializar ou a utilizar, de qualquer modo, a sua sexualidade, que a impeça de usar qualquer método contraceptivo ou que a force ao matrimônio, à gravidez, ao aborto ou à prostituição, mediante coação, chantagem, suborno ou manipulação; ou que limite ou anule o exercício de seus direitos sexuais e reprodutivos.

O último tipo de violência descrita na Lei Maria da Penha é a patrimonial, definida como:

> qualquer conduta que configure retenção, subtração, destruição parcial ou total de seus objetos, instrumentos de trabalho, documentos pessoais, bens, valores e direitos ou recursos econômicos, incluindo os destinados a satisfazer suas necessidades.

Advogando na área de família, eu percebo que é grande o número de mulheres que sofrem essa violência e nem ficam sabendo. Quantos maridos não ocultam seu patrimônio em um divórcio? Quantas mulheres abriram mão de sua profissão durante o casamento e, no momento da separação, têm seus cartões retirados e ficam sem meio de sobrevivência até que termine uma ação judicial? É muito comum nos processos de divórcios aparecerem casos de desvio de bens e dinheiro e ocultação de patrimônio. Sem contar as brigas em que alguém risca o carro da outra pessoa, quebra objetos da casa, rasga roupas, bloqueia cartões, joga celulares na parede: todas essas ações são atos de violência.

Como vimos até aqui, enquanto as violências física e patrimonial são mais facilmente identificáveis, a psicológica e a moral são mais silenciosas. Em cada caso, deve-se avaliar se está presente mais de um tipo, sem menosprezar nenhum, já que todos machucam e violentam, cada um do seu modo e com as suas particularidades.

ESTELIONATO SENTIMENTAL

Com o documentário da Netflix *O golpista do Tinder*, o termo "estelionato sentimental" se popularizou. No filme, Simon é um israelense que demonstrava ser milionário através de um famoso aplicativo de relacionamento. Ao aparentar uma vida luxuosa e um comportamento extremamente romântico, ele fazia com que suas vítimas se apaixonassem. Após conquistar a confiança delas, ele alegava situações de emergências e pedia dinheiro emprestado. Como acreditavam em toda aquela farsa, elas cediam, achando que teriam o dinheiro de volta, mas ele terminava as relações e sumia, deixando devastadores prejuízos financeiros e psicológicos. O golpe, portanto, era arquitetado em torno da confiança que um relacionamento amoroso gera.

O nome que se dá a essa situação é estelionato sentimental. Essa expressão é usada para se referir a alguém que mente muito e engana as pessoas a fim de obter algum tipo de vantagem durante um relacionamento amoroso. A vantagem indevida é conquistada por meio ardil e fraudulento através da confiança e do afeto presentes em um relacionamento amoroso. Usa-se do sentimento da vítima para conseguir vantagens econômico-financeiras para si ou para outrem.

Na verdade, o crime do artigo 171 do Código Penal se refere ao de estelionato, de forma abrangente. Tenho certeza de que você já ouviu falar que alguém "é 171". Até a publicação deste livro, não há tipificação específica para o estelionato sentimental, por isso usamos analogamente o crime de estelionato comum, considerando que a fraude é a quebra de confiança do relacionamento amoroso. Apesar de não existir na legislação, já há projeto de lei para essa particularidade, contando, até mesmo, com aumento de pena.

Esse golpe não é empregado somente através de aplicativos ou perfis de redes sociais. Um dos primeiros casos reconhecidos em uma decisão judicial foi em um namoro de anos. Na ocasião, o namorado fazia a parceira pagar contas dele e gastar mais do que deveria, se aproveitando do amor que ela nutria por ele. Em uma relação abusiva, é muito comum isso acontecer. Após manipular a vítima, o abusador consegue as vantagens financeiras das mais diversas maneiras.

Porém, quando falamos de benefício indevido, não estamos nos referindo somente a emprestar dinheiro ou pagar as contas, mas toda a conduta que leva à obtenção de algo que não é lícito. Por exemplo, quando o golpista ajuda a vítima em um trabalho dela e posteriormente capta o cliente para si e fica com o pagamento.

Além da esfera criminal, o golpista pode ser responsabilizado civilmente com indenização por danos materiais e morais. Indenização é a quantia em dinheiro que se recebe quando alguém lhe causa um dano. Já o dano material é o valor que a vítima perdeu, e o dano moral é o prejuízo psicológico que ela teve. Por exemplo, se você pagou um total de contas do golpista no valor de dez mil reais, poderá recuperar essa quantia a título de dano material e um valor adicional referente aos danos morais, que é definido pelo juiz. O difícil é identificar judicialmente um patrimônio em nome do golpista que possa ser bloqueado para ressarcir o dinheiro da vítima.

O estelionato comum se caracteriza por ser um crime contra o patrimônio, porém, quando o estelionatário se aproveita de algum tipo de vulnerabilidade sentimental, trata-se também de uma violência psicológica, já que o golpista manipula as vítimas em uma atmosfera de amor falso.

O conselho mais valioso que posso dar a esse respeito é não misturar amor e patrimônio logo de cara. Não coloque seu namorado em contato com seus clientes no início da relação. Faça um contrato de namoro. Após um bom tempo de relação, essas questões podem ser rediscutidas para que ambos escolham um regime de bens quando houver uma união estável ou casamento. Não se baseie nas aparências. É possível que a pessoa demonstre ter dinheiro, pague viagens e jantares caros em um primeiro momento, mas pode ser só para impressionar você. Na verdade, ela prepara o cenário para o golpe. Cuidado! Os golpistas falam bonito e te seduzem. Costumam ser pessoas adoráveis perante a sociedade, mas são muito perigosos. Não se sinta culpado(a) por ter caído em um golpe; eles são especialistas em fingimento e manipulação. Procure ajuda e denuncie.

PERSEGUIÇÃO, INVASÃO ELETRÔNICA E PORNOGRAFIA DE VINGANÇA

Se o término de um relacionamento por si só já é complicado, a relação abusiva traz várias consequências danosas quando acaba. Como o abusador costumava ter o domínio da situação, é comum ele querer saber tudo o que acontece na vida da sua vítima quando o relacionamento chega ao fim. Ele insiste em verificar com quem ela está, que lugares está frequentando, as fotos que curte, as novas amizades que faz, se há um possível novo amor etc. É uma verdadeira obsessão, que já vem desde o próprio período em que se relacionavam e se torna mais exacerbado. Aliás, uma das maneiras de avaliar se sua relação é tóxica inclui observar se seu parceiro ou sua parceira te persegue.

E se você estiver perseguindo um(a) ex, tome cuidado, pois pode estar cometendo um crime, já que agora a perseguição foi tipificada pela lei. Perseguir não é normal e não podemos ver isso como uma demonstração extrema de amor.

No ano de 2021, entrou em vigor a Lei n. 14.132, que traz o artigo 147 A para o nosso Código Penal. O crime conhecido como stalking ou perseguição consiste em: "perseguir alguém, reiteradamente e por qualquer meio, ameaçando-lhe a integridade física ou psicológica, restringindo-lhe a capacidade de locomoção ou, de qualquer forma, invadindo ou perturbando sua esfera de liberdade ou privacidade".

O crime de perseguição provoca danos emocionais e psicológicos à vítima, de maneira permanente ou temporária, além de prejuízos em suas futuras relações. É uma forma de violência na qual o sujeito invade repetidamente a esfera da vida privada da vítima, por meio de atos repetidos, de modo a atacar a sua privacidade ou reputação. Só quem foi perseguido sabe o pavor que é. Você perde seu direito de ir e vir, fica com medo de represálias, não consegue engatar uma nova relação.

A palavra em inglês *stalk* significa perseguir insistentemente. Stalkear não se limita a fuçar as redes sociais; inclui também procurar ou incomodar alguém com frequência. Portanto, se você costuma seguir um(a) ex nos locais que sabe que essa pessoa frequenta, no trajeto de sua rotina, aparecendo de surpresa em sua casa, passa o pente-fino nas contas de redes sociais, observa as localizações pelas publicações, liga várias vezes, envia mil e-mails, manda muitas mensagens, entra em contato com amigos e familiares, ameaça pessoas com quem o outro se relaciona, espalha fatos e boatos, ameaça expor a intimidade, entre outras atitudes como essas, você está cometendo um crime. Por sua vez, se você é vítima de tudo isso, é importante ter em mente que a lei já definiu tais atitudes como criminosas. Se uma delas ocorrer pontual e isoladamente, o crime não é configurado. A pena é de reclusão, que pode ir de seis meses a dois anos, e multa. Além disso, será aumentada quando for contra crianças, adolescentes, idosos e mulheres e quando houver emprego de arma de fogo.

É comum que esse crime esteja associado a outros, como pornografia de vingança e cyberstalking. A invasão eletrônica é definida no artigo 154 A do Código Penal como:

> Invadir dispositivo informático alheio, conectado ou não à rede de computadores, mediante violação indevida de mecanismo de segurança e com

o fim de obter, adulterar ou destruir dados ou informações sem autorização expressa ou tácita do titular do dispositivo ou instalar vulnerabilidades para obter vantagem ilícita.

Nesse caso, o abusador invade ou hackeia os dispositivos eletrônicos, e-mails e/ou celular da vítima. Não estamos falando apenas de perseguir reiteradamente os perfis públicos da pessoa na internet, mas invadir de fato seus acessos privados, seus dispositivos ou suas contas. Caso comercialize ou simplesmente repasse a terceiros, a pena será aumentada.

A prática de pornografia de vingança, por sua vez, está definida no artigo 218 C do Código Penal por:

> Oferecer, trocar, disponibilizar, transmitir, vender ou expor à venda, distribuir, publicar ou divulgar, por qualquer meio – inclusive por meio de comunicação de massa ou sistema de informática ou telemática –, fotografia, vídeo ou outro registro audiovisual que contenha cena de estupro ou de estupro de vulnerável ou que faça apologia ou induza a sua prática, ou, sem o consentimento da vítima, cena de sexo, nudez ou pornografia.

Com a popularização dos smartphones, o envio dos famosos nudes e a prática de filmar as relações sexuais se tornaram comuns. No entanto, é preciso ter cuidado com a possibilidade de esse material ser

OS TIPOS DE VIOLÊNCIA

usado futuramente em um caso de pornografia de vingança. Infelizmente, o que acontece entre quatro paredes nem sempre fica restrito a esse local e ao casal. Na hora do término, movido por raiva e ressentimentos, o abusador pode cometer o crime de distribuir ilicitamente esses arquivos com o intuito de expor a vítima. A pena é de reclusão por um a cinco anos, se o fato não constituir crime mais grave. Quando ocorre em uma relação íntima de casal, a pena é aumentada de um a dois terços. Esse aumento também acontece quando a finalidade é a humilhação da vítima.

O ato de perseguir é mais comum quando se tem uma relação tóxica, mas saiba que a pornografia de vingança e a invasão eletrônica também aparecem com frequência no meu escritório. Outro dia, uma cliente chegou com um laudo que comprovava haver um programa espião em seu celular. Parece coisa de filme, mas o equipamento tinha escuta ambiente e filmadora. A pessoa que paga para instalar algo assim no telefone de um ex ignora o fato de que corre o risco de ter a vida dos filhos exposta, já que tudo é visto pelos programadores. Não é preciso se estender no assunto para entender que isso é crime e que pode haver perigosos desdobramentos de uma ação como essa.

Mesmo que tais arquivos de cunho íntimo não sejam compartilhados, só o fato da invasão já configura crime. Além disso, quem invade pode chantagear e obter algum tipo de vantagem. Foi o que ocorreu com a atriz Carolina Dieckmann. Por conta da pressão que sofreu de hackers que invadiram seu computador pessoal, ela abraçou a causa do combate à pornografia de vingança e hoje dá nome à Lei n. 12.737, de 2012. Essa alteração no Código Penal tipifica tais crimes cometidos no ambiente virtual.[2]

O que fazer quando se é vítima de um desses crimes? Procure um advogado especializado, preferencialmente um criminalista. Ele poderá dizer se seu caso se enquadra nos crimes previstos em lei ou não. Se a resposta for positiva, ele poderá te acompanhar na delegacia para fazer o boletim de ocorrência e, a partir de então, dar prosseguimento ao que for necessário.

O que acontece é que muitas pessoas nem sabem que essas condutas são criminosas e não buscam justiça e proteção. Por isso decidi abordar o assunto neste livro, já que a informação pode nos libertar de uma situação ruim. Nos relacionamentos abusivos, esses crimes são frequentes. Nesses casos, a tendência é querermos nos livrar dos vestígios, por estarem relacionados a esferas muito íntimas da vida, mas é importante coletar o máximo de evidências que possam ajudar na investigação do ocorrido. Se acontecer com você, não tenha vergonha de buscar ajuda de um profissional competente e acionar as autoridades.

---

[2] LEI Carolina Dieckmann: você sabe o que essa lei representa? FMP, 16 ago. 2021. Disponível em: https://fmp.edu.br/lei-carolina-dieckmann-voce-sabe-o-que-essa-lei-representa/. Acesso em: 11 set. 2023.

5
EFEITOS DOS RELACIONAMENTOS ABUSIVOS

PODE SER QUE VOCÊ nunca tenha usado drogas na sua vida, mas, se viveu um relacionamento abusivo, sabe o que é ser viciado. Ao longo deste livro, tenho batido na tecla de que esse vício, principalmente se for com uma pessoa narcisista, faz você querer voltar para a fase inicial do bombardeio de amor. Por conta dessa adição, leva muito tempo para cair "na real" de que aquilo nunca existiu, de que foi apenas uma forma de manipulação.

É comum escutarmos de pessoas de fora do relacionamento algo como: "Nossa, como fulana não larga aquele traste?". Infelizmente, mesmo quem já falou algo assim pode acabar caindo em uma situação dessas. Isso porque quando se olha de fora a impressão é uma, mas, quando se vivencia uma relação dessas, pode-se comprovar o quanto é difícil sair dela. Chega uma hora em que você se acostuma a ser maltratada, controlada, manipulada, vigiada, criticada, desrespeitada e até traída. Quando sua autoestima está tão baixa, seu psicológico está tão abalado que qualquer migalha de amor te contenta.

A confusão mental é um dos efeitos das relações tóxicas. Você acha que errou, tem culpa ou não foi uma pessoa boa o suficiente. Quanto mais tenta salvar a relação, menos você recebe do outro. Quanto mais expectativa de melhora, mais decepção vem. Você não se enxerga mais como realmente é, mas se vê com a lente do(a) abusador(a). Você se distancia da sua essência, vai perdendo sua identidade e passa a ser o que o outro criou na sua cabeça. Por mais que você tenha alguma lucidez, seu corpo não te obedece mais. É igual droga mesmo, você sabe que faz mal, mas não consegue ficar sem. Você se torna seu próprio carrasco, qualquer coisa te coloca para baixo. Você sente abstinência.

Como a pessoa tóxica te afasta da família e de seus amigos, você se sente só. Você se isola, perde totalmente o referencial da vida em sociedade e vira uma pessoa dependente da validação do abusador, porém, ela dificilmente vem, por mais que você se esforce. Você já não consegue mais fazer nada sem o outro. Você já não tem mais a seu lado seu grupo de apoio, o que faz com que tudo fique mais difícil. Você fica dependente. Nesse momento, você precisa resgatar suas conexões anteriores a essa relação. Muitos nem te reconhecerão mais. O abuso te traz danos e você se transforma em alguém bem diferente do que era.

A depressão, a ansiedade e a síndrome do pânico são comuns em pessoas que viveram relações abusivas. É tamanho o estrago psicológico que também é normal desenvolver doenças psicossomáticas. Você vive em estado de tensão, estresse e tristeza todos os dias. Seu humor oscila da alegria intensa das migalhas de amor e da fase de lua de mel à tensão das brigas e agressões. É uma relação polarizada, sendo tudo muito intenso, o que causa sérios danos para sua saúde física e/ou psíquica. Sobre isso, as psicólogas Natália Zancan e Luísa Habigzang afirmam o seguinte:[1]

> A violência psicológica pode gerar efeitos negativos para a autoimagem e autoestima das mulheres, além disso, a experiência de violência gera níveis de depressão, ansiedade e regulação emocional. Os resultados obtidos indicam potencial prejuízo da exposição à violência na saúde mental de mulheres nessa situação. A regulação emocional pode ser

---

[1] ZANCAN, Natália; HABIGZANG, Luísa F. Regulação emocional, sintomas de ansiedade e depressão em mulheres com histórico de violência conjugal. *PsicoUSF*, Campinas, v. 23, n. 2, jun. 2018.

definida como a capacidade de manter, aumentar ou diminuir os componentes de uma resposta emocional. Trata-se do processo de entender as emoções e lidar com elas, tendo consciência da sua duração e intensidade. Essas dificuldades podem prejudicar as relações interpessoais e se associar a sintomas de depressão e ansiedade. A depressão é um transtorno caracterizado pela presença de humor deprimido quase todos os dias; os sintomas incluem sentimento de culpa e inutilidade, capacidade diminuída para se concentrar, pensamentos recorrentes de morte, insônia, alterações no apetite, alterações psicomotoras, fadiga, queixas somáticas e perda de interesse pelas atividades.

O sentimento de culpa também é um dos efeitos do relacionamento abusivo. Você acha que sempre poderia ter feito mais e se pergunta onde errou. Durante a manipulação, você não percebe que a pessoa abusadora cria drama e se faz de vítima. Quando a relação acaba, você não tem clareza de ideias, sua cabeça vira uma panela de pressão e seu coração fica destroçado.

Outra atitude comum após o término de uma relação tóxica é a campanha de difamação que essa pessoa fará por um longo tempo depois de te destruir e te fazer surtar, usando isso para acabar com a sua reputação. Você sairá com a imagem de pessoa desequilibrada e louca, e, assim, o agressor poderá assumir o papel de vítima.

Foi o que aconteceu com Daniely. Ela começou a namorar Leandro, mas estranhava que ele raramente a apresentava a alguém. Ao mesmo tempo, a cada briga deles, ela o via receber ligações e mensagens das amigas dizendo que ele deveria terminar o namoro. Ela desconfiava! Como pessoas que ela nem conhecia, que não sabiam a versão dela, tinham uma imagem tão distorcida dos fatos e dela mesma? Aquilo a incomodava. Uma vez, Leandro mentiu dizendo que não iria sair e foi a um bar com sua amiga Carmem e outras colegas. Daniely ligou para ele, ele não a atendeu nem respondeu às mensagens. Meia hora depois, ele retornou com um barulho de balada ao fundo, e ela brigou por ele ter mentido. No entanto, segundo a versão dele para Carmem, Daniely era doente de ciúmes e não aceitava ele estar no bar com as amigas.

Pronto! Sua imagem de maluca estava montada. Ele saiu do bar, porque sabia que tinha feito besteira, mas para as amigas disse que Daniely estava surtada e o obrigou a ir embora. Em outra ocasião, essa amiga Carmem fez um churrasco em casa e chegou a convidar o casal, mas um dia antes mandou a seguinte mensagem: "Amigo, me desculpe, melhor você não trazer a Daniely. Em outro momento, vocês vêm. Ela é muito ciumenta e vão estar várias amigas mulheres". Óbvio que Daniely estranhou alguém a "desconvidar", mas estava tão apaixonada que decidiu deixar para lá.

Ela não chegou a conviver com os amigos nem familiares dele, então, quando ele mentia e ela descobria, era tida como ciumenta patológica. Ele surtava direto, ameaçava se matar, gritava e xingava, mas, como ninguém via nem conhecia a outra versão da história, a desequilibrada era Daniely. Quando terminaram, Leandro contou a própria versão para todos, que Daniely não sabe até hoje qual foi, mas percebeu que as amigas dele a stalkeavam nas redes sociais. Eles só perderam o contato quando Daniely cansou de ser chamada de "louca" e gravou uma briga. Com medo de ser desmascarado, ele sumiu. Então ela desistiu de provar para as pessoas que não era a maluca e seguiu sua vida. Nunca conheceu o imenso círculo de amizade dele nem pôde contar a sua versão da história. A campanha de difamação de Leandro deu certo, porém ela decidiu não se importar.

Diante de tantas agressões e por estar com os sentimentos em frangalhos e o psicológico destruído, algumas pessoas chegam a desenvolver estresse pós-traumático. Além disso, sentem enorme dificuldade de se relacionar novamente. Estão tão traumatizadas que ficam com medo de vivenciar tudo de novo. Passam a interpretar pequenos deslizes ou frases dos novos companheiros com reatividade e fogem de novas relações. Viram uma fortaleza de proteção pelo medo de se envolver novamente. Por isso é tão importante um acompanhamento psicológico e, às vezes, até psiquiátrico.

Sei que muitas vezes parece que a relação abusiva te destruiu definitivamente, mas apegue-se a isto: é possível superá-la de verdade e voltar mais forte do que nunca. É comum, no entanto, que esse processo tenha seus altos e baixos. Algumas pessoas levam mais tempo que outras para deixar tudo para trás. A seguir, vou falar sobre os momentos em que a pessoa fragilizada sente falta de quem causou tanto mal a ela.

SAUDADES DE QUEM TE FERIU

Será que é possível ter saudades da pessoa que te fez tão mal? A resposta é SIM! Como eu já disse anteriormente, ninguém entra em um relacionamento abusivo porque decidiu conscientemente, mas por carência, empatia ou traumas não trabalhados. Esse tipo de relação geralmente faz a vítima desenvolver uma dependência da qual nem sempre é fácil sair. Seu corpo muda quimicamente e passa a estar acostumado a ter momentos de sofrimento alternados com os de imenso prazer. Ao longo do livro, tenho mostrado como essa dinâmica causa um tipo de vício, e, como sabemos, sair dela causa abstinência.

  Muitas vezes, você sabe que estava em uma relação tóxica, mas não consegue sair dela totalmente. Identificar a situação te ajuda, porém não faz com que você se livre de imediato. Após um tempo longe, seu cérebro pode sabotar você, fazendo com que se esqueça dos episódios de abuso e das coisas ruins que aconteceram e recordando somente a época do bombardeio de amor.

ROTEIRO DO ABUSO

Se você entrou em uma relação assim, provavelmente foi porque acreditou que aquele era o amor da sua vida. No começo, tudo é lindo, maravilhoso e intenso; mas, com o tempo, esses momentos se tornam raros e a violência psicológica toma conta. Só que aí vocês já estão separados há um tempo e você começa a sentir saudades do outro.

Não se sinta mal por isso. É comum acontecer, principalmente quando você conhece outras pessoas. Como a relação tóxica começou intensa e você se acostumou com isso, a tendência é comparar. Você esquece os momentos ruins e pensa: "Nossa, mas esse cara não gosta de mim como meu ex gostava"; "Essa mulher não é tão boa de cama como a minha ex"; "Está demorando para eu me apaixonar de novo"; "Ela ainda não me assumiu"; "Ele nunca mandou flores"; "Ela ainda não falou que está apaixonada"; "Ele ainda não falou que me ama". E por que isso acontece? Porque você se acostumou com a intensidade.

Se você acabou entrando em uma relação abusiva, é porque provavelmente também gosta ou precisa dessa intensidade, mesmo que de maneira inconsciente. No início, é uma paixão forte, demonstrações de afeto, palavras de amor, presentes, algo que você nunca havia vivido antes. É disso que você tem abstinência! Porque as relações saudáveis começam aos poucos, as pessoas vão se conhecendo, o relacionamento vai evoluindo, a paixão vai aumentando gradativamente, até que o amor se instala. Só que o bombardeio de amor muitas vezes vicia, e você não vê graça no "normal", simplesmente porque seu cérebro não está mais acostumado.

Uma tática que ajuda muito nessa hora é fazer uma lista completa de todos os momentos e situações ruins, dos xingamentos, das manipulações, das mentiras, das traições, das críticas. Depois, escreva como você estava no término do relacionamento e compare com o modo como era antes de entrar nessa relação. Ninguém sai de uma relação tóxica melhor do que entrou, então isso te ajuda a resgatar a sua essência.

A terapeuta Allyne Lima, que é minha amiga, costuma sugerir às suas clientes escrever uma carta para o(a) ex, não a enviar e, depois, queimar o que escreveu. Ela diz que é uma forma de liberação. Quando escrevemos, é mais fácil enxergar a situação e nos lembrar do quanto tudo nos fez mal. Assim vamos expulsando essa relação das nossas vidas. Nunca me esqueço de uma vez que terminei um relacionamento, não estava bem e Allyne pediu que eu escrevesse uma carta para o ex. Redigi de próprio punho dezessete páginas: tudo que eu sentia e pensava, aquilo que estava engasgado e me machucava e toda nossa história desde o início. Confesso que tive muita vontade de entregar essa carta, inclusive demorei uns três dias até ter a coragem de queimá-la. E foi o que me ajudou naquele momento: escrever e queimar. Às vezes, não basta virar a página, é preciso queimá-la.

Quando nos relacionamos com qualquer pessoa, há uma intensa troca de energia. Muitas vezes, isso nos prende e também pode fazer com que sintamos saudades. Dizem os místicos que demoramos seis meses para nos desligar do outro, por isso devemos repensar com quem trocamos nossa energia. Costumamos nos relacionar pela aparência, mas o correto seria nos conectar com a energia da pessoa. Se é uma pessoa agressiva, mentirosa, maldosa, viciada em sexo casual etc., todas essas energias chegam a nós através das relações sexuais. Se é alguém amoroso, que se preocupa em não ferir os demais, essa energia também chega a nós. Portanto, com quem você prefere trocar energia?

Nos relacionamentos, conforme vamos trocando as energias, adquirimos coisas do outro. Em uma relação tóxica, é comum a vítima acabar se contaminando com a negatividade de quem abusou dela. A saudade vem também porque você já se acostumou com essa energia. Sugiro sempre terapia para auxiliar no processo de deixar para trás o que passou, colher os aprendizados, ressignificar essa experiência, se fortalecer e se preparar para o novo. Não é fácil! Às vezes, trata-se até de um amor que você criou na sua cabeça, mas nunca existiu. Uma coisa é certa: o novo só tem espaço para chegar quando o velho já foi embora.

RECAÍDAS E RESSACA

A esse ponto sabemos que o vício é tanto que nem sempre é fácil manter distância e não ter recaídas.

EFEITOS DOS RELACIONAMENTOS ABUSIVOS

Mesmo quando você já rompeu o ciclo da violência e vocês já estão separados, não é raro sucumbir. A pessoa que abusa te vê como uma propriedade e, quando você está começando a melhorar, pode vir com uma conversa mole. Ou pode ser que você tenha uma decepção amorosa na sequência, acabe se lembrando dos momentos românticos do bombardeio de amor e pense: "Ele(a) sim me amava"; "Ele(a) sim era carinhoso(a)". A gente se sabota!

Vou contar para você a história de Vanessa. Ela estava disputando uma vaga de trabalho e conheceu Paulo, um candidato concorrente. Durante esse processo seletivo, que contava com várias etapas, eles se apaixonaram. No início, foi aquela paixão louca, o "amor da vida", como já relatei no Capítulo 1. Eram flores, poesias, viagens, jantares, horas em chamadas, conexão total.

Porém, Paulo se tornou um cara extremamente ciumento e agressivo. De sensível, amoroso e apaixonadíssimo, de repente se tornou um agressor. Você deve estar imaginando que ele batia em Vanessa. Só que não! Ele a manipulava e a agredia verbalmente. Ele não a assumia, evitava fotos juntos e não a deixava postar nada que sugerisse romance entre eles. Com isso, ele destruiu o psicológico e a autoestima dela.

Foi difícil para Vanessa conseguir terminar, mas um dia, já destruída emocionalmente, decidiu dar um basta. Conforme o tempo foi passando, ela foi se esquecendo do quanto era xingada, menosprezada, ridicularizada. Os momentos bons ressurgiam na sua cabeça, porém ela pensava que não podia voltar a viver aquilo.

Até que um dia ela encontrou Bruno, um amigo de seu primo, um rapaz que ela havia visto uma vez três anos antes. Bruno começou intenso, já queria assumir um namoro, era espiritualizado, divertido, tranquilo, nada ciumento. Apesar de a intensidade dar medo em Vanessa, ela decidiu dar uma chance para ele depois de um tempo. Começaram a namorar, mas faltava a tal da "química". Mesmo assumidíssimos, coisa que Paulo não fazia, Vanessa não esquecia a conexão física com o ex.

Bruno tinha alguma dificuldade, mas não se abria com ela. Justificava que ficava nervoso na hora do sexo, que não se sentia à vontade, que precisava resolver questões do passado. Toda essa situação fez com que ela se lembrasse de Paulo, dos momentos quentes entre os dois, até que ela rompeu com Bruno e ligou para Paulo.

Pronto, recaiu! Ela viu que era viciada em Paulo. O namoro com Bruno era saudável, calmo, tranquilo, mas a química com Paulo era de outra dimensão. Esses problemas com Bruno estimularam algo que estava adormecido dentro dela e a fizeram recordar da parte boa com Paulo.

As recaídas geralmente ocorrem quando há comparação. O relacionamento tóxico começa maravilhoso, então, muitas pessoas se prendem a isso e vão se esquecendo das partes ruins. Quando não estamos totalmente curados e algo dá errado, voltamos a pensar nas coisas boas e retornamos à estaca zero. É comum pensar: "Será que não tem jeito mesmo de ele(a) melhorar?".

Vanessa viu que ainda gostava de Paulo nessa recaída, que algo ainda os prendia. Só que Paulo já estava em uma outra relação, e traindo a atual com Vanessa. De certa forma, esse reencontro foi importante para ver a realidade. Além de ele não ser fiel à atual, aquele "amor de todas as vidas" que ele dizia tinha ido embora muito rápido.

Não se culpe por um dia ter caído nas ciladas que sua mente te prega ou nas manipulações que você já viveu. As quedas nos fazem mais fortes e ajudam a enxergar os fatos. Se você teve uma recaída, lembre-se de que já conseguiu sair uma vez, portanto, é capaz de sair novamente. O problema é quando você se prende à culpa e a essa energia.

As recaídas são as pedras no caminho que nos fazem parar, pensar, descansar e aprender a desviar. Às vezes, uma recaída te cura, porque você vê que tudo era uma mentira ou que nada mudou. Essa lição finaliza o importante caminho que percorremos na primeira parte deste livro. Até aqui identificamos o ciclo da violência, definimos os seus tipos mais comuns e os mecanismos utilizados por pessoas tóxicas para colocá-la em prática e manter a vítima sob seu domínio. Agora que você é capaz de analisar e concluir

ROTEIRO DO ABUSO

se está em uma relação tóxica, vamos aprender, na segunda parte deste livro, algumas formas de se livrar dessa situação de abuso e seguir em frente.

PARTE 2

GUIA DE DESINTOXICAÇÃO DO RELACIONAMENTO ABUSIVO

6
ASSUMA QUE VOCÊ ESTÁ EM UM RELACIONAMENTO ABUSIVO

SABE QUAL É A MELHOR MANEIRA de não viver um relacionamento abusivo? É evitar entrar em um ou sair o mais rápido possível dele. Mas, se você entrou, é preciso assumir que está vivendo um. Quando você entende o roteiro do relacionamento abusivo e vê a semelhança de situações que as vítimas passam, você consegue racionalizar e sair dele.

Como expliquei no Capítulo 1, ninguém entra em uma relação tóxica aceitando maus-tratos e xingamentos. Começamos a nos relacionar porque não percebemos os primeiros sinais e nos iludimos com o bombardeio de amor. Há muita manipulação por trás de todo o enredo e, se não percebermos os primeiros indícios, é mais fácil nos tornarmos mais uma vítima.

Sabemos que a violência psicológica ocorre de forma silenciosa, te corrói por dentro e é difícil de ser comprovada. O agressor, geralmente, é habilidoso, um "cavalheiro" ou uma "dama" perante a sociedade, mas no ambiente privado se mostra um verdadeiro algoz. Na maioria das vezes, nem passa pela cabeça das pessoas que entre quatro paredes aquele indivíduo é abusivo. Alguns chegam a ajudar institutos de combate à violência contra a mulher, por exemplo, mas detonam o psicológico de meia dúzia delas. Por isso, *prevenção* é a palavra-chave! O primeiro passo foi dado nos capítulos anteriores, ao entender as etapas da escalada da violência.

A partir daqui, o caminho para a violência física é curto e as pessoas já correm risco de morte; estamos falando especificamente do feminicídio. Você precisa ter noção do que está vivendo, porque muitas vezes "normalizamos" as agressões. Isso faz com que elas cresçam cada vez mais, que é o que chamamos de escalada da violência.

Nos primeiros sinais de toxicidade, você já precisa dar um basta. Relacionamento perfeito existe? Não! Ciúme é normal? É, desde que equilibrado ou motivado. Há alguns itens básicos para uma relação saudável: ser você mesmo, respeito, cuidado e amor. Quem ama quer ver o outro feliz e bem; quem abusa quer ver o outro triste e destruído para se sentir melhor. Isso está longe de ser amor.

ASSUMA QUE VOCÊ ESTÁ EM UM RELACIONAMENTO ABUSIVO

Quando acontece, precisamos assumir para nós mesmos que estamos vivendo uma relação abusiva. Sei que é complicado, porque temos nossos sonhos destruídos e sempre achamos que o outro não seria capaz de ir tão longe. Sentimos culpa e nos perguntamos como não percebemos antes. Então é importante analisar em que fase você está e assumir o que está vivendo. Isso te ajuda a encarar o problema e buscar uma solução.

Enquanto você achar que o outro vai se curar e que vocês serão felizes para sempre, você estará perdendo o seu tempo, sua saúde e sua energia. Claro que é possível uma cura do agressor, mas com tratamento especializado e profissional. Nunca com promessas vazias. Não coloque seu foco na mudança do outro; concentre-se na sua reconstrução e nas soluções que vou te propor nos próximos capítulos para que você possa ficar bem. É preciso ser forte e encarar a realidade: que você viveu na toxicidade e que isso serviu como um aprendizado.

Esse é o primeiro de dez passos que indico nesta segunda parte. Após vermos, neste Capítulo 6, a importância da tomada de consciência, vou mostrar, no Capítulo 7, como é necessário cortar qualquer tipo de contato com a pessoa tóxica para iniciar o processo de libertação. Nos Capítulos 8 e 9, veremos como é imprescindível o suporte profissional, de advogados e profissionais que auxiliem no processo de manutenção da saúde mental. Esse caminho levará à recuperação da autoestima, como mostrarei no Capítulo 10. Assim, você estará mais forte para retomar os laços com sua rede de apoio, tema do Capítulo 11.

7
CONTATO ZERO

VIVER O LUTO é um processo que ocorre em todas as relações, porém, nos relacionamentos abusivos, você precisa também sair da esfera do abusador. É necessário se libertar física, emocional, psicológica e espiritualmente. Para isso você precisará estar longe, assim a distância e o tempo podem agir como elementos fundamentais para sanar a dor.

O primeiro passo para se curar da relação tóxica é o *contato zero*, ou seja, cortar qualquer vínculo de comunicação com o abusador para que ocorra de fato uma desconexão. Veremos posteriormente que, se necessário, você pode pedir uma medida protetiva para assegurar o distanciamento físico, psicológico e emocional.

Em uma relação abusiva é comum haver idas e vindas, que podem ser utilizadas como mecanismo de controle e manipulação baseadas na promessa de volta à lua de mel após um período de tensão e agressão, como vimos na descrição do ciclo de violência.

Nesse contexto, qualquer comunicação pode te fazer sucumbir. Como você já se condicionou aos altos e baixos da relação, qualquer contato pode te fazer inconscientemente querer a parte boa da convivência de volta. No entanto, a parte ruim vem em seguida e piora a cada dia. É uma dinâmica doente que precisa ser curada, e a única forma de fazer isso é com o afastamento completo. Isso não é nada fácil, porque você se viciou no outro e vai normalizando as agressões, como também já mencionamos aqui. É difícil aceitar o fim, digerir as traições, lidar com a indiferença, identificar as manipulações, encarar as agressões, reconhecer o desrespeito e lidar com o fracasso, que pensamos ser exclusivamente nosso.

Com esse desgaste, você nem sabe mais quem é; já se destruiu, se desconectou da sua essência e precisa de um tempo longe de tudo para se cuidar. O relacionamento tóxico traz estragos emocionais, psicológicos, físicos e espirituais. É preciso tirar o foco da mudança do outro e olhar para si. Isso quer dizer parar de achar que o outro vai mudar, porque raramente isso ocorre – e quando ocorre, é somente com ajuda profissional. Quanto mais tempo você viver nessa relação, maior será a sua dificuldade em sair dela.

Quando digo que o contato zero significa bloquear qualquer tipo de comunicação, estou considerando telefone, e-mail, WhatsApp, redes sociais. Pode parecer que bloquear ex é sinal de imaturidade ou de que não houve superação, mas, no caso das relações tóxicas, é uma forma de sair dela e se recuperar.

Se a relação abusiva for com alguém que tem transtorno de personalidade narcisista, a situação é crítica, pois narcisistas não aceitam términos que não partiram de iniciativa deles. Desse modo, farão de tudo para te ter de volta: ameaças, contatos com amigos em comum, supostas tentativas de suicídio ou juras de amor eterno. Porém, assim que você ceder e retomar a relação, eles vão te descartar. Como falei no Capítulo 2, mesmo que o narcisista termine, retornará em busca de suprimento – mecanismo chamado de hoovering –, quando sentir que você está dando a volta por cima. Só que, a cada volta, mais você se destrói. Se houver zero contato, a pessoa narcisista fica sem mecanismos para te trazer de volta, enquanto você terá o tempo de olhar para si e se cuidar.

No contato zero, você deve excluir a pessoa das redes sociais por dois motivos. O primeiro é para que ela não veja suas postagens nem saiba da sua vida, assim não pode te procurar diretamente nem buscar as pessoas com quem você está convivendo. Lembre-se de que ela também pode forjar um encontro casual se souber o que está acontecendo na sua rotina. Portanto, quanto menos tiver notícias suas, melhor.

Em segundo lugar, a pessoa abusiva pode fazer postagens com o intuito de mexer com suas emoções. Pode publicar fotos com outra pessoa para te causar ciúmes, nas baladas com amigos, em viagens paradisíacas para mostrar o que você está perdendo, assim como postar textos de como está triste, fotografias com legendas depressivas: tudo para te manipular e para fazer com que vocês retomem o contato.

Nessa fase, é importante que você também se afaste dos familiares e amigos que passam as informações de um para o outro. Não precisa necessariamente bloquear essas pessoas, mas evite conversar com elas para que não seja manipulado. Há um termo na psicologia, "macacos voadores", que se refere a essas pessoas que acabam sendo usadas para colher e levar informações, demonstrando lealdade e obediência à pessoa tóxica – ainda que isso aconteça de modo inconsciente. Assim, acabam colaborando para prejudicar a vítima por se associarem ao agressor.

> O termo e o conceito de *flying monkeys*, originariamente retirado do filme *O mágico de Oz* (1939), é assim utilizado para retratar aqueles que faziam o trabalho por procuração, as sujeiras da bruxa malvada. Na psicologia a existência do *flying monkey* é análogo à existência do narcisista e se pode declarar que é uma relação parasitária, simbiótica em que um não funciona sem o outro. Quanto à identidade, esses sujeitos são aqueles que acreditam e

alimentam o ego do narcisista, seja manipulada involuntariamente ou seja condescendentemente aquiescendo e na verdade se beneficiando da relação e em alguns casos também desenvolvendo uma personalidade narcisista. Quanto a procedência, esses sujeitos podem ser desde familiares, cônjuges, até colaboradores, funcionários, prestadores de serviços, enfim todos que alimentem o ego narcisista de alguma forma. São popularmente chamados também de abusadores de *proxy*, pois se associam ao narcisista para infligir punições, castigos, tormentas a outrem. Essas ações podem ser desde calúnias, difamações, a espionagem, manipulação por procuração (*proxy*), para atender às necessidades do narcisista. São essas personalidades que adquirem a causa do narcisista e a tomam para si, isentando-o de responsabilidades do trabalho sujo e como dito anteriormente isso pode ser consentido ou involuntário. Pela própria natureza do narcisista ele pode agregar um ou vários *flying monkeys* que agem como grupo de apoio motivados por necessidade financeira, ilusão romântica, codependência ou mesmo por vaidade em fazer parte do grupo de um narcisista maior.[1]

---

[1] LOPES, Gabriel César Dias. Narcisismo, o conceito de flying monkeys e o comportamento social. *Cognitionis*, Miami, Flórida, v. 3, n. 3, sem. 1, 2020. Disponível em: https://revista.

E quando a vítima tem filhos com um narcisista? Os narcisistas costumam punir suas vítimas para provocar uma resposta, assim, usam indiretas, difamação, injúria, tratamento de silêncio e até o descarte. Eles ficam satisfeitos com qualquer reação da vítima, positiva ou negativa. O ideal seria o contato zero, porém, quando a relação gerou filhos, a técnica precisa ser adaptada. Nesse caso, utilizamos a chamada *pedra cinza*, porque é necessário um mínimo de comunicação. A técnica consiste em se esvaziar de respostas emocionais a ponto de se tornar totalmente desinteressante ao narcisista, como uma pedra cinza, um elemento apático e sem graça. É assim que a vítima precisa parecer aos olhos do narcisista. Quando ele fizer provocações, por mais que você sinta o ímpeto de responder ou chorar ou se abalar, imagine-se em uma bolha e não esboce qualquer reação. Não externalize o que sente e ele não vai querer mais você como suprimento.

As pessoas que têm filhos com o narcisista ou alguma relação profissional devem agir dessa maneira, sendo frias e respondendo apenas de maneira objetiva. O meio ideal de comunicação é o e-mail, por ser mais distante e formal. Não deve mostrar raiva, ódio, amor, sofrimento e tristeza; apenas apatia perante o

---

cognitioniss.org/index.php/cogn/article/view/51/49. Acesso em: 8 set. 2023.

abusador, para não ser mais fonte de suprimento para o ego narcísico e para fazê-lo se desinteressar.

Essa técnica também serve para os abusadores não narcísicos, desde que não haja nenhuma medida protetiva restringindo comunicação em ambos os casos. Veremos a seguir as medidas protetivas, mas, quando há uma restrição de comunicação determinada pelo juiz, a intenção é de não precisar se preocupar, porque a pessoa abusadora não poderá entrar em contato.

8
PROCURE UM ADVOGADO

PARA INICIAR ESTE TÓPICO, preciso esclarecer novamente que a vítima de uma relação abusiva pode ser de qualquer gênero. Nem todo homem é agressor e nem toda vítima é mulher, mas, na imensa maioria das vezes, as vítimas são mulheres, por isso iniciaremos falando delas.

Quem sofre uma violência na relação nem sempre expõe isso à sociedade, às vezes nem procura uma ajuda especializada. Essa mulher já está tão fragilizada, já sofreu tanto, que se expor de alguma maneira causa um verdadeiro pavor. Ela sente vergonha por passar por essa situação e se culpa pela manipulação sofrida. Acha que o agressor pode mudar, tem saudade dos períodos de lua de mel, quer preservar a família e não deseja ver os filhos sofrerem com o término. No entanto, há casos em que o melhor caminho é buscar a ajuda de um advogado e denunciar o agressor.

Em minha experiência profissional, tanto eu quanto colegas de áreas correlatas, como delegadas, percebemos que, nos casos de agressão física, o comum é a mulher tomar coragem de denunciar após alguns episódios de agressões. Dificilmente denunciam no primeiro episódio. É complicado tomar uma atitude na área criminal. Se já é difícil assumir para si mesma que está em uma relação tóxica, imagine expor isso para o resto do mundo.

No Capítulo 4, vimos como a Lei Maria da Penha tipifica e enquadra as cinco formas de violência – física, psicológica, patrimonial, sexual e moral –, e aqui vou falar das medidas que podem proteger as mulheres vítimas delas. Medidas que podem ser aplicadas não só em relacionamentos amorosos vigentes, mas também nas relações afetivas que já acabaram, entre os membros de uma família no ambiente do lar (irmão e irmã, por exemplo) e pessoas que se consideram aparentadas.

Antes de tomar qualquer atitude, se possível, procure um advogado. Se você está correndo risco de vida ou a agressão foi muito grave, dirija-se diretamente à delegacia de polícia. Hoje, no Estado de São Paulo, por exemplo, já é possível registrar um Boletim de Ocorrência por meio de uma delegacia eletrônica, sem precisar sair de casa, pelo site da Polícia Civil. Denúncias também podem ser feitas pelo 180, até de forma anônima, mas com o maior número de informações possível.

Se na sua cidade houver delegacia da mulher, esse é o lugar aonde você deve ir preferencialmente. Isso porque o ideal é que o atendimento a uma mulher que sofreu violência seja feito por mulheres, já que, a cada vez que ela conta sua história, mais ela se fere. Por isso é preciso que ela receba um atendimento humanizado e que não incorra na revitimização, isto é, não crie uma série de atos e questionamentos que gerem constrangimento a essa mulher que sofreu violência por seu gênero.

O(a) delegado(a) é quem deve assegurar a integridade física, psíquica e emocional dessa mulher e informá-la sobre seus direitos. Em casos de agressão física, a polícia pode encaminhar a vítima ao Instituto Médico Legal (IML) para realização de exame de corpo de delito a fim de comprovar as lesões sofridas, mas, na impossibilidade desse procedimento, laudos e prontuários médicos de hospitais também servem como prova.

Quando a ameaça persiste, a Lei Maria da Penha prevê medidas protetivas que visam assegurar a integridade física da vítima. Se o agressor possui porte de arma, é possível determinar sua suspensão ou restrição, com comunicação às autoridades competentes.

Outra ação é obrigar o afastamento do lar, ou seja, o abusador não pode voltar para a casa do casal. Nesse caso, o agressor fica proibido de se aproximar da vítima, de familiares ou de testemunhas, sendo estabelecida uma distância mínima a ser mantida entre vítima e agressor. Assim, ele poderá ficar proibido de frequentar determinados lugares a fim de evitar seu encontro com a abusada.

Além dessas, uma medida que também pode ser imposta é a proibição do contato por qualquer meio de comunicação, assim o abusador não poderá ligar, mandar mensagem, interagir em redes sociais, enviar e-mail ou tentar se comunicar de qualquer outra forma.

Com relação às obrigações que podem ser impostas ao agressor relacionadas ao direito de família, podemos citar a prestação de pensão alimentícia e suspensão ou restrição da convivência com os filhos menores de idade. Esta última ocorre somente quando ele os coloca em risco, pois geralmente a medida protetiva tem foco na relação do casal, e a convivência com os filhos é mantida. Isso não quer dizer que, porque há alguma restrição de direitos, ele deixa de pagar pensão alimentícia.

Tão importante quanto proteger a mulher é o processo de reeducar o agressor. Geralmente, esses abusadores têm um comportamento tóxico que acabam repetindo em todos os relacionamentos. Portanto, enquanto o agressor não for tratado psicologicamente e reeducado, a violência doméstica não diminuirá e os casos serão reincidentes. Dessa forma, o agressor pode ser obrigado a participar de programas de recuperação, reeducação e acompanhamento psicossocial em atendimento individual ou em um grupo de apoio.

Nas situações em que for mais seguro para a vítima que ela se afaste, há medidas protetivas como encaminhá-la para um programa de proteção ou atendimento, reconduzi-la ao seu lar após o afastamento do seu agressor ou ainda afastá-la da casa, sem que perca direito a seus bens, à guarda dos filhos e a uma pensão alimentícia.

Para ajudar essa mulher, pode ser decretada a separação de corpos, determinando assim o fim dos deveres conjugais e do regime de bens. O delegado deve informar sobre o direito que ela tem de pedir a separação judicial, divórcio, anulação do casamento ou dissolução da união estável. Tais pedidos podem ocorrer no próprio Juizado da Violência Doméstica (se houver na cidade). A única questão que não pode estar nessa esfera é a partilha de bens.

No entanto, a Lei Maria da Penha traz medidas de urgência para proteger o patrimônio das vítimas, como restituição de bens que foram subtraídos e suspensão de todas as procurações que tenham sido outorgadas ao agressor. Além disso, o ofensor pode ficar proibido temporariamente de celebrar sem autorização judicial contratos de compra e venda e de locação de imóvel pertencente aos dois. Pode ser determinada, ainda, caução provisória, mediante um depósito judicial, para indenização material proveniente da prática da violência. Em decisão judicial recente, foi determinada, inclusive, a abrangência dessa lei a mulheres trans.

Para garantir a fiscalização e a efetividade, essas medidas protetivas de urgência são registradas em um banco de dados mantido e regulamentado pelo Conselho Nacional de Justiça, com acesso garantido por parte do Ministério Público, da Defensoria Pública e dos órgãos de segurança pública e de assistência social. Quando há o descumprimento, fica registrado o crime e, assim, pode haver a prisão preventiva do agressor.

Devemos lembrar que todas essas medidas estão previstas na lei para a proteção das mulheres vítimas da violência doméstica, porém, nova previsão legal poderá surgir após a publicação deste livro, recomendando-se sempre procurar um advogado. Mas e os homens? Ficam desprotegidos pela lei? A resposta é não! Como vimos no Capítulo 2, eles podem ser vítimas de vários crimes, como lesão corporal, ameaça, contra honra (injúria, calúnia e difamação), estelionato sentimental, crime de perseguição, pornografia de vingança e cyberstalking. A maioria desses crimes está prevista no Código Penal e a pessoa que os cometer será punida por esse mecanismo. O fato de haver uma lei específica para as vítimas mulheres está relacionado com o fato de se observar na sociedade uma vulnerabilidade maior no caso de violência motivada pelo gênero. Isso não quer dizer, contudo, que a mulher não possa cometer um desses crimes, nem que o homem não possa ser vítima deles.

Vou contar o caso de meu cliente Claudio. Ele estava em processo de separação, mas continuava morando na mesma casa que sua ex. Eles não tinham filhos em comum, mas, quando se conheceram, ela estava grávida. Na época da separação, a criança tinha 3 anos e tratava Claudio como pai. Meu cliente também o enxergava como filho, já que o pai biológico da criança morava fora do Brasil. Apesar de a mãe não estar bem emocionalmente, ele ainda era apaixonado por ela e pela criança e enfrentava dificuldades para aceitar o divórcio.

Como Claudio fazia de tudo para manter a relação, ele aceitou a proposta dela de contratar uma garota de programa para tentar resgatar o casamento. No entanto, quando viu a garota com seu então marido, a ex de Claudio surtou de ciúmes, expulsou-a do ambiente e começou a golpeá-lo com vários objetos. Chegou a agredi-lo com uma garrafada na cabeça e nas costas. Depois, passou a ameaçá-lo para que a história não vazasse.

Por ser de madrugada, ele não me ligou e preferiu ir à delegacia fazer um boletim de ocorrência pela agressão. Foi realizado o exame de delito, que identificou as lesões. Ele preferiu não expor a ex, por isso não comentou sobre a terceira pessoa. Assim que soube que ele havia feito um boletim, a ex foi à delegacia e também fez um, acusando Carlos. Logo, já foram decretadas as medidas protetivas de afastamento do lar e a proibição de aproximação e contato. Lembrando que as medidas protetivas só servem para proteger mulheres.

Moral da história: os dois puderam tomar uma atitude e buscar proteção, mas, como a mulher é socialmente mais vulnerável, há uma lei específica que oferece medidas protetivas a ela. Não atuei na parte criminal, apenas no divórcio quando o concluímos, os inquéritos policiais continuavam em andamento. Ainda que eu não tenha acompanhado o processo até o fim, essa história nos mostra como os dois tiveram respaldo legal ao procurar proteção, porém, de maneiras diferentes.

É importante alertar que a Lei Maria da Penha prevê punição quando usada indevidamente. Portanto, a mulher estará cometendo um crime se denunciar um fato que não aconteceu só para prejudicar o homem, como prevê o artigo 339 do Código Penal:

> Dar causa à instauração de inquérito policial, de procedimento investigatório criminal, de processo judicial, de processo administrativo disciplinar, de inquérito civil ou de ação de improbidade administrativa contra alguém, imputando-lhe crime, infração ético-disciplinar ou ato ímprobo de que o sabe inocente.

PROCURE UM ADVOGADO

Além de onerar a máquina pública (delegado, juiz, promotor, órgão administrativo), a falsa alegação de que alguém cometeu um crime desacredita as muitas mulheres realmente vítimas. Desse modo, sempre oriento meus clientes – tanto homens quanto mulheres – a juntar provas de tudo o que querem alegar, bem como colher provas quando houver indício de uma falsa denúncia.

José era casado há um ano com Ruth, que no início da relação era a mulher perfeita – linda, batalhadora, trabalhadora, amável, carinhosa. Com o tempo, ela foi se transformando e passou a brigar com a família dele inteira, chegando a um episódio em que surtou com os três filhos do primeiro casamento dele. Esse foi o estopim para que José passasse a questionar o comportamento de Ruth, e as brigas começaram.

Em uma ocasião, ela chegou em casa meio bêbada após um jantar com as amigas, os dois começaram a discutir e ela foi para cima do marido. Nesse instante, Ruth começou a gritar para ele parar de bater nela. Imediatamente, José se trancou no banheiro e começou a filmar enquanto ela se batia e gritava, forjando uma agressão. Ele continuou no banheiro filmando sem falar nada para ela, ligou para familiares da mulher pedindo que a buscassem e, finalmente, chamou a polícia. Assim terminou a relação.

Meses depois, ele foi intimado a comparecer na delegacia. Naquela noite do término, ela fez um boletim de ocorrência por agressão. Inicialmente, ele foi tratado como um agressor pela delegada, até que apresentou o vídeo que usou para comprovar sua inocência. Portanto, quem cometeu o crime foi Ruth, de denunciação caluniosa, por alegar uma falsa agressão do ex-marido.

Vale lembrar que é uma minúscula minoria das mulheres que faz uso inadequado da Lei Maria da Penha. A lei tem um grau de eficiência alto quando medidas protetivas são determinadas. Isso inibe o agressor. Em vez de criticar a lei, que é considerada uma das melhores do mundo, é preciso um ajuste para sua melhor aplicabilidade, além do treinamento de profissionais especializados.

Outro alerta antes de uma mulher procurar a delegacia diz respeito aos casos de lesão corporal, já que é comum a mulher procurar a delegacia, obter uma medida protetiva de afastamento e depois se arrepender, ao voltar com o marido. Nesse caso, elas pedem para retirar o processo, mas a resposta é que não dá, porque se trata de um crime de ação penal pública incondicionada proposta pelo Ministério Público. Isso só pode ser revertido em audiência com o juiz, ocasião em que ela deverá declarar que não quer prosseguir com a denúncia e que os dois reataram.

Em um relacionamento abusivo, é difícil para a vítima tomar alguma atitude contra seu agressor, porque ela ama aquele que a feriu de algum modo. É diferente do caso de um criminoso que rouba seu celular, por exemplo. Ela não tem vínculo com o agressor, então, prontamente, parte para fazer um boletim de ocorrência. Além disso, certas condutas de agressão acabaram normalizadas na relação, mas não são normais. Há, portanto, uma confusão mental. Às vezes, a mulher tenta de toda maneira justificar o comportamento do outro, dizendo algo como: "Eu provoquei"; "Eu fiz isso para ele". Por fim, fazer algo contra a pessoa em quem ela apostou tudo dói, mas é necessário.

Você percebeu que a vítima pode procurar diretamente um órgão público no caso de agressão? Sim! Porém, a atuação do advogado é essencial para orientação, acompanhamento e eventuais processos judiciais. A violência psicológica é sutil e homeopática, mas pode evoluir para uma violência mais grave, por exemplo, a física; portanto, a procura do profissional jurídico torna-se essencial para concretizar sua proteção.

9
BUSQUE AJUDA TERAPÊUTICA ESPECIALIZADA

É INCRÍVEL A DESTRUIÇÃO emocional e psicológica causada pelo relacionamento abusivo. A manipulação, as mentiras, as humilhações e os xingamentos fazem a vítima se sentir fraca, com baixa autoestima, confusa, exausta e sem energia. Quem sofre gaslighting passa até a duvidar da própria sanidade.

Mesmo os casos em que a vítima decide sair da relação e busca auxílio na esfera jurídica exigem muito da saúde mental e são muito desgastantes. Ter o suporte de um profissional, como um advogado, não elimina a necessidade de acompanhamento da área emocional. Por isso, procure um psicólogo, um terapeuta holístico, um psiquiatra, um psicanalista, um consteladorfamiliar, um orientador espiritualou outro profissional desse campo – a ajuda que fizer mais sentido para você. Não deixe de buscar alguém para te apoiar direta e pessoalmente, porque nenhum especialista sozinho é capaz de resolver tudo. Neste livro, ofereço um panorama transversal – que inclui aspectos sociais, jurídicos, financeiros e psicológicos – para ajudar as pessoas a entenderem o que acontece em uma relação tóxica, dar dicas para se fortalecerem e deixar claro que é possível superar essa violência, mas o processo de restabelecimento varia a cada situação e o caminho é árduo.

Desabafar com as pessoas pode te ajudar, mas não será o suficiente. Como falarei no Capítulo 11, sua rede de apoio, como amigos e familiares, deve te acolher, mas não vai necessariamente te curar. Claro que tudo que falo aqui pode ter sua exceção, mas só quem passou por uma relação abusiva sabe o quanto é difícil deixá-la e se recuperar sem um suporte profissional. Quem vê de fora pensa: "Ela é tão linda, por que não sai dessa?"; "Ele é tão bonzinho, como aguenta aquela louca?"; "Ela é tão inteligente, como não percebeu que ele era abusivo?"; "Como ele a deixa dominar tanto?". Esses inúmeros julgamentos que a vítima sofre a fazem se sentir ainda mais machucada, por isso um profissional imparcial e treinado vai direcioná-la melhor no caminho da superação.

Na terapia, você consegue descobrir de maneira assistida e em um ambiente seguro por qual motivo

BUSQUE AJUDA TERAPÊUTICA ESPECIALIZADA

atraiu esse tipo de relacionamento para sua vida e entenderá que tipo de padrão ou crença te fez entrar em uma relação assim. Todos temos nossos traumas, nossas carências, nossas inseguranças, nossa criança ferida, nossos medos, nossa baixa autoestima, nosso sistema familiar: tudo isso pode ser fator que contribui para viver uma relação abusiva.

O principal objetivo do processo terapêutico, nesse caso, será investigar por que você atraiu um relacionamento abusivo. Dessa forma, poderá trabalhar traumas que estejam relacionados a isso e manter relações saudáveis a partir de então. É importante destacar que aqui estão apresentados alguns caminhos de reflexão que podem ser traçados nesse processo, mas o acompanhamento de um profissional especializado é primordial no diagnóstico de cada caso e no direcionamento de tratamentos que ajudem a vítima a superar esse momento.

Nessa busca, você pode tentar entender se faz parte de alguns tipos comuns que geralmente se tornam vítimas fáceis dos abusadores, embora isso de maneira alguma coloque nas próprias vítimas a responsabilidade por atrair essa atenção negativa. São elas: as empatas, as carentes e as que se destacam. As empatas, por sentirem a dor do outro, são presas fáceis dos agressores e acabam entrando nas histórias fantasiosas e tristes que o abusivo usa na conquista. Com isso, são manipuladas através da dramatização, já que empatas tendem a achar que podem salvar o mundo. Mesmo quando percebem que a relação é tóxica, elas acreditam na melhora do seu algoz.

As pessoas carentes acabam projetando no outro aquilo que desejam e não enxergam com quem realmente estão se relacionando. É como diz a música da Marília Mendonça, que já citei anteriormente: "Me apaixonei pelo que eu inventei de você". Elas precisam a qualquer custo preencher o vazio que sentem e idealizam o outro como o par perfeito. Preferem ter alguém que lhes faça mal a estar sozinhas. Portanto, para manter a relação, acabam aceitando os abusos.

Outro tipo de pessoa que atrai abusadores, principalmente os narcisistas, é aquela que se destaca. Parece estranho e contraditório, mas é real! É como se os abusadores precisassem sugar o poder, o status, o brilho que ela tem. Você deve estar se perguntando como pessoas extraordinárias caem em um relacionamento abusivo, certo? Simplesmente porque foram enganadas em um jogo de manipulação eficaz. Como disse no Capítulo 1, tudo começa com a cara de um amor extremo, e o agressor é exatamente tudo que você pediu. Quando a pessoa percebe, já está envolvida na relação, afinal, somos humanos e todos temos nossas fragilidades. Enquanto o abusador não apaga o brilho da vítima, não se sente realizado.

RELAÇÕES COM A FAMÍLIA

Além dos tipos descritos, são vítimas comuns de relações abusivas as pessoas que vêm de uma família tóxica, ou seja, que as trata mal, comete agressões, as desmerece, humilha, exige perfeição delas, faz inúmeras cobranças. Com esse modelo, as pessoas aprendem desde a infância que o amor é assim: machuca, não cuida nem protege. Uma pessoa que foi maltratada pelos próprios pais atrai esse tipo de relação por essa ser sua referência de amor. Infelizmente, nossa infância define muitos comportamentos e crenças que temos na vida adulta. O meio social interfere na formação da nossa personalidade, de modo que nossos traumas e vivências podem nos direcionar às relações tóxicas.

A psicanalista Renata Bento Salles, também minha amiga, definiu bem essa relação com a família em uma entrevista:

> A nossa forma de amar como adultos nada mais é do que a repetição da forma como nos sentimos amados e de como aprendemos a amar na infância. Entender os gatilhos de uma forma turbulenta de se relacionar será fundamental para tornar os vínculos afetivos mais satisfatórios e saudáveis.

Bert Hellinger, criador das constelações familiares – uma prática considerada terapêutica baseada na vivência e observação desse pesquisador –, observa que determinados padrões são repetidos na mesma família por gerações. Hellinger afirma que existem dois tipos de consciência: a individual, sentida pelo indivíduo e que se refere à sua sobrevivência e ao seu pertencimento; e a coletiva, na qual tendemos a pertencer a um clã, ou seja, nossa família.

O pesquisador verificou que determinados comportamentos eram repetidos inconscientemente pelo indivíduo com o intuito de pertencer à família. Além disso, podemos replicar atitudes de membros da família que foram excluídos, com a intenção inconsciente de incluí-los; assim, todos seguem fazendo parte do clã. Isso é o pertencimento. Essa consciência coletiva familiar não se mostra imoral ou amoral, não distingue bem e mal, não culpa nem inocenta. Diz Hellinger: "A consciência de clã protege todos do mesmo modo, uma vez que pretende restaurar seu pertencimento quando este é negado".[1]

Bert Hellinger classifica, ainda, a boa e a má consciência. Quando repetimos comportamentos da nossa família, estamos agindo com a primeira. Já quando decidimos fazer diferente, estamos na segunda. Essa classificação não se refere a algo certo ou errado, apenas indica se fazemos igual ou não à nossa família.

---

[1] HELLINGER, Bert. *Meu trabalho, minha vida*: a autobiografia do criador da constelação familiar. São Paulo: Cultrix, 2020.

BUSQUE AJUDA TERAPÊUTICA ESPECIALIZADA

Sendo assim, se na sua família há agressores, é possível que você repita esse comportamento inconscientemente. Assim como, se há vítimas de relações abusivas, pode ser que você atraia um agressor de maneira inconsciente. Portanto, é preciso se conscientizar e quebrar esse padrão.

Podemos observar que existem inúmeras razões pelas quais uma pessoa se envolve em um relacionamento abusivo. Neste capítulo, usei apenas alguns exemplos para mostrar que entender as diferentes causas para ter atraído essa dinâmica ajuda a não repetir mais esse padrão de relações. Nesse contexto, não basta apenas se livrar da pessoa abusiva, é necessário o tratamento com um profissional de saúde mental, pois, em casos de abuso e toxicidade, só um terapeuta conseguirá guiar a vítima para sair do estado de vulnerabilidade em que se encontra.

O relacionamento abusivo é como uma tempestade: é preciso atravessá-la e você pode ter ajuda nessa travessia. Além disso, quando você sai de uma, não é mais a mesma pessoa de antes.

10
RECUPERE SUA AUTOESTIMA

ANTES DE FALAR sobre o fortalecimento da autoestima, cabe destacar que, quando falamos desse tópico, não estamos nos limitando à beleza. Pode ser que a pessoa seja linda e bem-sucedida, mas sinta que nunca é suficiente. Neste capítulo, pretendo mostrar como o processo de recuperar a autoestima é importante para que a vítima volte a se valorizar e se fortaleça para sair de uma relação que a prejudicou até mesmo nesse aspecto da vida.

Coincidentemente, no dia em que escrevi este capítulo, conheci, em um aniversário infantil, uma mulher belíssima. Além de ter uma aparência que atendia aos padrões estéticos da sociedade, era bem-vestida, elegante e estilosa. Depois que fomos apresentadas, o papo fluiu a tarde toda e eu comecei a falar do meu trabalho; então, ela me contou que estava divorciada havia cinco anos, mas que ainda mantinha relações ocasionais com o ex-marido. Percebi que era uma relação abusiva e ela só foi confirmando.

Ao ver uma mulher tão linda e inteligente vivendo esse tipo de relação, o mais comum é pensar: "Nossa, é só terminar!" ou "Como ela se sujeita a isso?". Porém, quem está em um relacionamento abusivo está imerso em um jogo de manipulação. Uma das formas mais perversas de fazer isso é destruindo a autoestima da pessoa. São tantas críticas, comparações, traições e jogo psicológico (o tão falado aqui ciclo de agressão e lua de mel) que a vítima não enxerga mais suas qualidades e sempre acha que ainda pode melhorar para agradar o parceiro. Contudo, esse dia nunca chega! Ela nunca conseguirá satisfazer o desejo do tóxico, porque é justamente a abusividade que alimenta o relacionamento.

Quem sofre um relacionamento abusivo tem sua autoestima dilacerada e precisa recuperá-la. Você só consegue voltar para sua essência com a ajuda de profissionais habilitados. Na relação, você deixou de ser quem você era, passou a enxergar apenas seus defeitos e, então, não vê mais a possibilidade de ser feliz. Quando você entender que essa relação distorceu a realidade e sua visão sobre si, terá alcançado o primeiro passo para superar a violência e recuperar sua autoestima.

AMAR A SI MESMO

Amar a nós mesmos é requisito fundamental para enfrentarmos o mundo complexo em que vivemos. O autoamor está diretamente ligado à nossa autoestima. Quando nos amamos do jeito que somos, podemos dizer que nossa autoestima está saudável. Isso quer dizer olhar para nossos sentimentos, saber dizer "não" para situações e pessoas, reconhecer nossas qualidades, nos cuidar, aceitar nossos defeitos, trabalhar nossas vulnerabilidades.

A autoestima elevada, no entanto, não pode ser narcisista ou egoica. Recuperar o amor próprio não significa se achar melhor do que todo mundo ou se considerar o centro do universo, mas olhar para si com carinho, compaixão e respeito. A baixa autoestima adquirida em um relacionamento abusivo pode gerar ansiedade, depressão, síndrome do pânico, problemas cognitivos, baixo rendimento, doenças psicossomáticas, distorção de imagem, traumas etc. Além disso, para preencher o vazio que a baixa autoestima provoca, é comum que a pessoa desenvolva compulsão alimentar, vícios diversos e abuso de álcool, de drogas e de medicamentos controlados.

Um dos grandes problemas do relacionamento tóxico é que você passa a amar mais o outro do que a si mesmo. Não precisa ser religioso para conhecer o mandamento de Jesus Cristo: "Amarás o teu próximo como a ti mesmo" (Mateus 22,39). Isso não quer dizer que você deve amar mais si mesmo do que o outro, nem amar seu parceiro mais do que a si mesmo. Só conseguimos amar o outro de maneira saudável quando nos amamos em primeiro lugar.

Pensamos equivocadamente que a imagem que criamos de nós mesmos é herdada de modo natural; na verdade, ela é aprendida. Vamos absorvendo, no meio social, as informações que nos chegam, os acontecimentos vividos, as crenças, os traumas, as situações e o comportamento das pessoas com quem convivemos. Esse contato é a principal fonte para criar a visão de mundo que temos e pela qual nos guiamos. Algumas vezes, somos só resultados das crenças errôneas que nos impuseram. O problema é que ficamos presos na confirmação dessas crenças e só conseguimos mudá-las com muito esforço e dedicação. A maneira como nos vemos é uma crença sobre nós mesmos.

A esta altura, você consegue perceber como o abusador destrói a autoestima de alguém? Se essa vítima viveu em um meio que não fortaleceu sua autoestima, faltaram elogios dos pais, apoio, sofreu bullying e outros traumas, o agressor consegue manipulá-la com maior facilidade. Nada impede também que pessoas com boa autoestima sejam vítimas, porque as mentiras ouvidas ao longo do tempo e em determinado momento de fragilidade provocam estragos. No final do relacionamento abusivo, uma coisa é certa: a autoestima da vítima estará baixa e fragilizada. Por isso fortalecer os pilares da autoestima é tão importante.

OS QUATRO PILARES DA AUTOESTIMA

O terapeuta espanhol Walter Riso, em seu livro *Apaixone-se por si mesmo*, explica que a autoestima é composta por quatro pilares: autoconceito, o que você pensa sobre si mesmo; autoimagem, que opinião tem de sua aparência; autorreforço, em que medida você se premia e gratifica; e autoeficácia, quanta confiança tem em si mesmo.

O autoconceito

O autoconceito pode nos prejudicar quando praticamos a autocrítica negativa, a autoexigência e a autopunição. Um bom teste para avaliarmos esse quesito é observar se nos elogiamos ou nos criticamos mais. Exigimos perfeição e não nos permitimos errar? Quando você não age da forma como gostaria, você se pune de alguma maneira?

A solução é ser mais flexível consigo e com os outros. Além disso, esqueça o perfeccionismo. Ninguém é perfeito e todos estão suscetíveis a erros. Aprenda que na vida nem sempre a gente ganha e é preciso saber perder. Não pense mal de você nem se rotule em nenhum aspecto, pois você é mais do que uma característica sua. Ame-se o máximo possível sem depender de nenhum acontecimento externo nem de ninguém.

Além disso, procure aproximar seu "eu ideal" do seu "eu real". O "eu ideal" é aquilo que você pretende se tornar, uma idealização do que seria a sua versão perfeita. Contudo, somos humanos e não podemos buscar essa perfeição inatingível. A beleza da vida está nas nossas diferenças. Claro que podemos melhorar todos os dias, mas tenha consciência de que existe um caminho e um tempo para você chegar aonde quer e isso não acontecerá em um passe de mágica. Saiba esperar, mas não pare até que você alcance seu quase "eu ideal".

É preciso que você reveja suas metas e possibilidades, pois, se forem inatingíveis, vão gerar frustração. Grandes mudanças exigem pequenas mudanças diárias. Você não emagrece dez quilos em um dia, mas alguns gramas por dia quando faz uma dieta, por exemplo. Não adianta querer ler cinco livros por semana, comece com dois por mês. Ou seja, divida sua meta em outras menores para que você vá se recompensando ao longo do tempo. Comemore quando as pequenas metas forem atingidas, pois isso melhora sua sensação de merecimento.

Para que você tenha um bom autoconceito, é preciso fugir dos extremos. Você necessita de uma autocrítica moderada, ou seja, precisa se observar, sem cobrar perfeição, mas corrigindo seus erros e defeitos. Não queira ser a pessoa bem-sucedida em todas as áreas, 24 horas por dia; tente ir melhorando cada um dos aspectos da sua vida. O importante é não parar de se cuidar em todos os sentidos.

Para um bom autoconceito, são necessárias também uma auto-observação objetiva e uma autoavaliação construtiva. Todos temos qualidades e defeitos, somos seres duais. É necessário enfatizar suas características positivas e observar o que pode ser melhorado. Assim, você consegue estabelecer metas racionais e razoáveis e evita a frustração. O problema é que quem viveu um relacionamento abusivo foi tão criticado e comparado que tem um autoconceito distorcido e se cobra demais.

A autoimagem

A autoimagem é a maneira como você se sente em relação ao seu corpo. Ela é uma fonte de atração ou repulsa? As pessoas que passaram ou estão passando por uma relação tóxica tendem a apresentar uma autoimagem doente devido ao grande número de críticas e comparações que sofreram ou ainda sofrem. Por mais bonitas que aparentem ser, elas deixam de se enxergar dessa maneira. Durante a relação, elas se preocupam em melhorar para agradar a pessoa abusiva ou vão para o outro extremo, quando deixam de lado o autocuidado e a aparência. Nesses dois casos, uma coisa é comum: todas elas se sentem feias.

A beleza está muito mais na atitude do que na aparência física. O físico é apenas um dos componentes da autoimagem. O que na verdade chama a atenção das pessoas é a sua essência e sua energia. A maneira como você se vê e se sente é transmitida para outras pessoas.

A própria sociedade e as redes sociais já nos impõem a perfeição. O abusador exige um padrão inatingível para a vítima com o intuito de diminuí-la. Portanto, o primeiro passo para melhorar sua autoimagem é definir seus próprios critérios de beleza. Descarte a perfeição física e os padrões rígidos. Descubra e destaque as coisas de que você mais gosta em você. Não aumente o que não te agrada em si com mais críticas, e sim valorize seus pontos fortes. Não se compare com as fotos tratadas e cheias de filtros das redes sociais. Quem te amar de verdade vai te amar exatamente como você é.

O autorreforço

O autorreforço é um aspecto da autoestima em que você se premia ou gratifica. Com a relação abusiva, você se sente tão mal que passa a se sentir a pior pessoa do mundo. Provavelmente, você deve pensar: "Eu não mereço"; "Só fiz por obrigação"; "Eu não tenho motivo para me elogiar". São crenças que impedem o desenvolvimento de um bom autorreforço. É preciso eliminar os hábitos repressivos, como os nocivos, racionalização extrema sobre si mesmo, autocontrole exacerbado e modéstia excessiva.

Para voltar a ter um autorreforço saudável, você deve se premiar a cada pequena conquista e se deixar ter uma vida mais prazerosa, buscando experiências novas, se permitindo sentir as coisas e procurando momentos de alegria. Comece a fazer aquilo de que você gosta e te faz bem. Procure um novo hobby. Saiba dizer não para o que você não quer. Não seja extremamente avarento. Você precisa também praticar o autoelogio e dizer para si o quanto é especial do seu jeito. Agradeça por tudo que você já tem na sua vida.

A autoeficácia

Por fim, o último aspecto da autoestima é a autoeficácia, que é a confiança e a convicção de que é possível atingir os resultados que você deseja. É a sua opinião afetiva sobre você mesmo. O relacionamento abusivo gera insegurança na vítima e ela fica com tão pouca confiança que pensa: "Nada mais pode ser feito"; "Não vou me recuperar"; "Não sou boa o suficiente". Você perdeu a confiança em si.

Para aumentar a autoeficácia, é preciso eliminar o pensamento "Eu não sou capaz" ou "Eu não mereço". Você deve pensar que tudo foi aprendizado e, cada vez que vier um pensamento pessimista, trocá-lo por um positivo. Não seja fatalista, nada no mundo é imutável. Liste seus sucessos, conquistas e superações. Teste seus limites e arrisque viver coisas novas.

Após compreender cada um desses conceitos separadamente, podemos nos perguntar por que melhorar a autoestima é tão fundamental para superar um relacionamento abusivo.

Esse é um poderoso caminho para acessar as emoções positivas e recuperar a alegria de viver e a leveza nas relações pessoais, construindo vínculos saudáveis. Você deixa de precisar da validação do outro para ser feliz, porque agora é uma pessoa mais segura de quem você é. Quando sabemos nosso valor, é mais fácil lutar contra a tristeza, depressão e ansiedade, junto dos processos terapêuticos. Sem romantizar o sofrimento pelo qual passou, você se dará conta de que tudo na vida é aprendizado e que a relação vivida foi mais uma importante lição, já que ninguém sai igual de um relacionamento abusivo. Se conseguiu sair dele, você se tornou mais forte, pode ter certeza disso. No entanto, o rompimento não é o ponto-final desse tipo de relação; é preciso também desfazer os vínculos, recuperar a autoestima e se sentir mais independente e livre para fazer escolhas melhores, como entrar em uma nova relação, agora saudável.

11
RECONECTE-SE COM SUA REDE DE APOIO E COM SUA ROTINA

O BEM-ESTAR É UM CONJUNTO de muitos fatores essenciais para termos qualidade de vida e abrange diversos aspectos físicos, mentais e sociais. Sabe o que influencia no seu bem-estar e na sua vida? As pessoas com quem você convive, os livros que você lê, as informações que você consome, os lugares que você frequenta, o ambiente do seu lar, a música que você ouve, a comida que você come. Neste capítulo, vou mostrar como reforçar esses aspectos da vida influenciam na jornada de superação de uma relação tóxica.

Quando você vive um relacionamento abusivo, você se desconecta de sua essência e todos esses itens que citei mudam. Aos poucos, você deixa de conviver com as pessoas de seu círculo, seus comportamentos mudam e você deixa de se interessar pelas mesmas coisas. Até que um dia você já não se reconhece mais, não sabe mais quem é e se perde de si! Como o outro já te afastou de amigos e família, você perdeu também sua rede de apoio.

Uma das maneiras de dominar uma pessoa é fazê-la depender de você. No início da relação abusiva, o abusivo dá tudo de que você precisa, comporta-se como você sempre sonhou, está 100% dedicado às suas necessidades e ao relacionamento. Desse modo, você acaba não precisando de nada do mundo exterior. É uma imersão no conto de fadas moderno.

A esta altura do livro, já sabemos que esse cenário é pura ficção para o abusador conseguir exercer o controle, fazer com que você perca a noção da realidade e, assim, possa manipular você. Quando percebe que foi bem-sucedido na conquista, ele começa o jogo de controle, comparação, críticas, humilhação etc. Quem está sendo manipulado, às vezes, nem se dá conta da realidade, mas quem vê de fora, frequentemente, consegue enxergar o que está acontecendo. Quando o tóxico percebe que será desmascarado por terceiros, começa a criticar essas pessoas. No início, alega que há inveja, que a pessoa não quer promover o bem, critica a conduta dela; até que chega um dia em que praticamente "proíbe" a convivência. Há tanto envolvimento que a vítima se deixa enrolar.

RECONECTE-SE COM SUA REDE DE APOIO E COM SUA ROTINA

Nunca se afaste das pessoas que te amam por um relacionamento. Duvide se essa situação começar a acontecer, pois aí há algo errado. O amor não aprisiona, mas liberta. Quem ama entende que o outro tinha uma vida antes do relacionamento e que outras pessoas são importantes para ele. Quem ama entende que cada um tem uma vida individual e que também somam uma vida juntos.

Sei que muitas vezes a vítima quis se distanciar da sua rede de contato por vontade própria, mas talvez ela nem sabia que estava nesse jogo de manipulação, talvez sinta vergonha ou culpa. Se algum dia você perceber que não encontra mais sua família e seus amigos, avalie por que isso está acontecendo; se for por seu relacionamento, reflita e reveja essa situação.

Sei que, às vezes, sentimos vergonha de estarmos em uma relação abusiva. Se é difícil assumirmos para nós mesmos, imagine para outras pessoas. Mas uma das formas de superar um relacionamento tóxico é nos reaproximarmos da nossa rede de apoio para nos recuperar e nos preencher de amor. Nesses momentos, a vítima já está tão acostumada a ser maltratada que, quando se reaproxima dos amigos e da família, até estranha o fato de receber carinho e amor.

Outras vezes, essas vítimas se sentem culpadas por terem vivido uma relação abusiva e não terem percebido ou por terem deixado chegar aonde chegarem. Assim, preferem se afastar das pessoas e vão "tentando levar com a barriga". Só que quando chegarem ao limite, por mais difícil que seja, deverão voltar para o lado das pessoas que amam, afinal, quem tem carinho genuíno por você vai lhe oferecer acolhimento.

É essencial essa reconexão com sua rede de amigos e familiares para a superação, porque você precisa ter um ambiente de acolhimento para se livrar do vício da relação, voltar a se sentir amado, ter a sensação do que é ser bem-tratado, ter a ciência do quanto se distanciou da sua essência, resgatar a autoestima, viver o luto, se conscientizar, se sentir cuidado, ser acolhido e voltar a ser quem você é.

12
BUSQUE SEU BEM-ESTAR FÍSICO

MANTER O BEM-ESTAR FÍSICO diz respeito a um bom funcionamento do corpo, mas também tem íntima relação com tudo o que falamos até aqui sobre a manutenção de nossas fortalezas mentais, que envolvem aspectos emocionais, psicológicos e sociais. Quem vive um relacionamento abusivo passa por uma montanha-russa de sentimentos e emoções que afeta não somente sua saúde mental como também a física. As doenças psicossomáticas são aquelas que comprovam como esses fatores estão interligados, ou seja, demonstram de que modo nossas emoções se manifestam em forma de enfermidade no nosso corpo.

O doutor Hussein Awada, médico integrativo, diz que, para não haver doença, precisamos estar bem nos quatro níveis de saúde: mental, física, financeira e social. Se algum deles estiver muito debilitado, a enfermidade pode aparecer. Quem passou por uma relação tóxica está com a maioria desses pilares afetados, portanto, está doente de alguma maneira.

Pela definição do dicionário Michaelis, saúde não é apenas a ausência de doença, e sim:

> Estado do organismo com funções fisiológicas regulares e com características estruturais normais e estáveis, levando-se em consideração a forma de vida e a fase do ciclo vital de cada ser ou indivíduo. [Além disso, é] Bem-estar físico, psíquico e social, Vigor físico, energia, força, robustez [e] Qualidade ou estado de equilíbrio e sucesso financeiro de uma organização ou de uma economia.

Para restabelecer a saúde física após o término de uma relação tóxica, Hussein indica que é preciso olhar para alimentação, repouso, movimentos e suplementação. É importante buscar suporte nutricional especializado a fim de avaliar a dieta ideal para cada caso, talvez priorizando uma com características anti-inflamatórias e, principalmente, com comida de verdade. Quanto mais você vai à feira e menos à seção de industrializados no mercado, mais saúde terá. É comum que quem sai desse tipo de relacionamento esteja com o organismo desequilibrado. Além disso, durante a relação, por todo o estresse envolvido, é frequente desenvolver alguma compulsão alimentar e hábitos alimentares inadequados, como forma de compensação. Outros podem emagrecer demais por não conseguirem comer de nervoso. A dica é: quanto mais saudável você comer, mais fácil será desintoxicar seu corpo. Uma dieta rica em fibras, verduras, vegetais, oleaginosas, óleos saudáveis e proteínas ajuda a se sentir mais leve.

Um dos maiores fatores de promoção da boa saúde, com certeza, é a alimentação e suplementação; em seguida, vem a prática de exercícios físicos. Muitas vítimas deixam de praticar atividade física e, entre outros sintomas, desenvolvem insônia. Os dois últimos pilares da saúde física são justamente estes: movimento e repouso. Durante o dia, faça pequenas pausas. Se você fica muito tempo sentado, realize pequenas caminhadas dentro do próprio local de trabalho. Quando falamos de pausa, a meditação também deve ser incluída. A meditação ajuda a reduzir o estresse, a ansiedade e o esgotamento mental causados pelo relacionamento abusivo.

No aspecto financeiro, muitas vítimas de relações tóxicas acabam perdendo controle de seu dinheiro com tanto desgaste emocional. Outras deixam sua profissão por influência do abusador e acabam dependendo financeiramente dele – o que o tóxico provoca para ter mais controle sobre sua vítima e poder humilhá-la. No começo, parece amor e cuidado a afirmação "Não quero que você trabalhe", mas na realidade é só manipulação que prejudica a saúde financeira da vítima.

Um problema dessa situação, segundo Hussein, é que essa preocupação é capaz de aumentar demais o hormônio cortisol, o que pode causar inflamações no corpo e, consequentemente, algum tipo de doença. Quando os níveis de cortisol estão elevados, há perda de energia, aumento da fadiga e excesso de apetite. Aliás, um dos motivos principais que fazem as vítimas se manterem em uma relação tóxica é a dependência financeira. Por isso, cuidar desse aspecto faz bem para os outros níveis de saúde.

Para restabelecer sua saúde financeira, você precisa muitas vezes voltar para o mercado de trabalho ou procurar outras fontes de renda. Seu balanço patrimonial deve ser positivo, ou seja, você não deve gastar mais do que ganha. Além disso, é necessário avaliar sua relação com o dinheiro e ver quais são as crenças limitantes que te impedem de prosperar.

Por último, nosso bem-estar físico também se refere à nossa ligação com algo maior. Organizar sua espiritualidade pode te sustentar em um período tão difícil e trará a sensação de que você nunca estará sozinho. Quando você está preenchido dessa força, tudo se torna menor perante a grandiosidade da vida. Não importa qual religião você escolheu para seguir; se é baseada nos valores de amor, respeito, humildade, caridade e compaixão, você tem uma direção na vida. Conecte-se com essa crença e tenha uma relação íntima com ela. Isso te dará força para superar o relacionamento abusivo e ajudará a entender e ressignificar essa experiência.

13
PRESERVE SEUS FILHOS

QUANDO O RELACIONAMENTO dos pais acaba, o casal conjugal deixa de existir, mas o parental continua para o resto da vida. Não existem ex-filhos nem ex-pais, portanto aquelas duas pessoas sempre terão conexão com aqueles filhos. Quando há uma relação abusiva, o ideal seria protegê-los de brigas, discussões e agressões. Só que, na vida real, sabemos que a toxicidade do relacionamento do casal chega a eles na maioria das vezes.

É raro um filho querer ver seus pais separados, porém, quando há uma relação abusiva, a separação é necessária por um bem maior. Segundo o psicoterapeuta Bert Hellinger, filhos são compostos de 50%

de cada um dos seus genitores, portanto, quando um dos pais agride o outro, é como se o filho se sentisse agredido também. Uma parte dele sofre violência e os pais nem se dão conta disso. Por mais que tenhamos uma maior afinidade com um dos nossos pais, ninguém quer ver o outro sendo maltratado, manipulado, agredido.

Uma das minhas frases mais citadas nas redes sociais é: "Os filhos não precisam necessariamente dos pais juntos, mas precisam dos pais bem, juntos ou separados". Quando os pais sofrem, os filhos sofrem também, não importa se ainda estão casados ou já se separaram. A felicidade dos pais reflete diretamente no bem-estar dos filhos.

Os filhos aprendem pelo exemplo, portanto aqueles que veem as agressões, o desrespeito, as traições, os xingamentos, as manipulações e as humilhações podem tomar dois caminhos pela lealdade familiar. O primeiro é achar que a forma correta de amar seria essa e repeti-la nos seus relacionamentos na idade adulta. O segundo caminho é o oposto ao dos pais; por ver tantas coisas ruins, tenta agir corretamente na sua vida e fazer diferente. Independentemente de como direcionem sua vida no futuro, uma coisa é fato: a relação abusiva dos pais marca os filhos.

Da mesma forma como mencionei que é preciso separar o papel de cônjuges e de pais, existem casos em que a diferença na relação conjugal e relação parental já é observada no comportamento do casal.

Isso quer dizer que há abusadores que podem ser cruéis com seus companheiros, mas excelentes pais ou mães. Quando falo sobre preservar os filhos, é preciso primeiro evitar que eles presenciem as agressões (verbais, psicológicas, morais) e, em caso de rompimento dos pais, manter a convivência com ambos separadamente. Por pior que seja o relacionamento, se o outro não coloca a criança em risco, não há por que interromper esse convívio com os filhos.

O direito de convivência é previsto na Constituição Federal, no Estatuto da Criança e do Adolescente e no Código Civil. É comum pensarmos sob a perspectiva de que esse é um direito dos pais, mas na verdade é dos filhos, já que a convivência familiar faz bem para seu desenvolvimento mental, social, psicológico e emocional. Privá-los disso sem motivação pode caracterizar alienação parental.

A alienação parental ocorre quando alguém influencia um filho a odiar um dos pais, implantando falsas memórias ou desqualificando esse genitor até que a percepção do próprio filho seja alterada e ele não queira mais a convivência. Esse comportamento, que pode ocorrer durante ou após o término da relação dos pais, configura abuso afetivo e violência moral contra o filho.

No Brasil, há a Lei n. 12.318 de 2010, que exemplifica e combate os atos de alienação parental, como falar mal do outro, dificultar a convivência, não passar ligações ou mensagens, mudar de domicílio para local distante sem aviso prévio e sem motivação, dificultar o contato entre o outro genitor e a criança, esconder fotos, tirar a autoridade parental do outro, apresentar padrasto ou madrasta como novo pai ou nova mãe, omitir informações sobre o filho e, em casos extremos, apresentar ao Conselho Tutelar falsas denúncias de maus-tratos ou falsas denúncias de abuso sexual em delegacia. Claro que existem denúncias verdadeiras e a pedofilia constitui um dos crimes mais bárbaros, mas a alienação parental ocorre quando um dos genitores inventa um crime que não aconteceu apenas para afastar o outro.

Às vezes, esses atos de alienação parental são cometidos de forma inconsciente, por isso a importância da conscientização. Se casais que têm um relacionamento saudável estão sujeitos a cometer algum deles, imagine como aumenta a incidência em uma relação abusiva. É comum falarem mal um do outro na frente dos filhos, não deixar mais a convivência acontecer sem motivo, um tirar a autoridade do outro, impedir o contato. Mas sabe quem serão os maiores prejudicados? Os filhos!

Existe uma discussão de que essa lei prejudica as mães e serve para proteger abusadores, por isso deveria ser revogada. Com certeza o debate público de uma lei é importante para o aprimoramento de sua aplicação, mas cabe observar que essa lei protege os filhos, porque não são somente as mães que cometem alienação parental; os homens também a praticam, de modo que as crianças e os adolescentes precisam ser preservados de forma ampla da briga dos pais. Um ato de mau uso da lei pode ocorrer, mas isso não pode invalidar toda uma legislação em benefício dos filhos. O que importa é o benefício maior que ela traz. Um exemplo desse mau uso é a autoalienação parental, em que os pais ou mães se afastam dos seus filhos, mas imputam falsamente a culpa desse afastamento ao outro genitor. Eles não buscamos filhos, não convivem com eles, dizem que o outro genitor é o culpado desse afastamento, quando, na verdade, abandonam seus filhos usando a desculpa de alienação parental.

Cometer alienação parental é tão grave que o juiz pode aplicar condutas como inversão da guarda, guarda compartilhada, visitação assistida, multa, suspensão de autoridade parental, terapia compulsória, entre outras medidas. Por outro lado, segundo a psicóloga Andreia Calçada, as crianças que sofrem de alienação parental estão mais propensas a desenvolver posteriormente uso de álcool e drogas para alívio da dor sofrida; distúrbios psicológicos como depressão, síndrome do pânico e ansiedade; suicídio; baixa autoestima; problemas de relacionamento e dificuldade de relação estável quando adultas.[1]

---

[1] CALÇADA, Andreia Soares. Alienação parental: o abuso invisível. *Revista Especializada de Direito Civil*, n. 2, nov. 2017. Disponível em: https://ijeditores.com/pop.php?option=articulo&Hash=a-7cf6c80dca5bd0fe0bd7fea3d35fc3b. Acesso em: 3 jun. 2023.

Uma das formas de combater o problema da alienação parental é viabilizar a guarda compartilhada e a convivência plena dos filhos com ambos os pais. Mas como fazer isso nos casos em que estes têm uma relação abusiva? Depende do grau de agressão entre os pais e se o agressor coloca o filho em risco. Se não há nenhuma medida protetiva, a convivência deve continuar normalmente. Lembrando que a comunicação pode ser feita através do método "pedra cinza", que expliquei no Capítulo 7 e consiste em falar apenas o básico, somente sobre os filhos, de maneira direta e objetiva, preferencialmente por e-mail. Se há uma medida protetiva e ela não atinge o filho, a convivência deve seguir obedecendo aos critérios de distanciamento e comunicação conforme a determinação judicial. O convívio só deve ser cessado quando há uma medida protetiva que se estende aos filhos ou quando há riscos para estes.

Uma maneira eficaz de organizar a vida do filho após a separação é através de um plano de parentalidade. Eu costumo elaborar vários no escritório e isso evita muitos problemas futuros. Não é apenas um documento que dita como será a vida dos filhos no futuro, mas a determinação das regras que vão reger essa família. Por exemplo, como será a convivência na infância e, depois, na adolescência, como será a tomada de decisões, o que farão se discordarem, qual será o meio de comunicação entre os pais, como será a convivência virtual com o filho, qual critério será usado para escolha da escola etc. Tudo isso será elaborado pelos advogados e/ou mediadores e depois homologado por um juiz. Quem descumprir poderá sofrer sanções, como multa diária por descumprimento.

Mesmo no relacionamento tóxico, em que as brigas de casal são constantes, é possível que os pais tenham a clareza da importância de proteger os filhos, e o plano é um meio eficiente para o exercício da parentalidade consciente. Agora, é preciso ter atenção quando um usa os filhos para atingir o outro, pois dificilmente essa pessoa estará aberta ao caminho de conciliação da convivência com os filhos.

O ideal seria que seus filhos nem soubessem das brigas de vocês, assim estariam mais protegidos emocional e mentalmente. Porém, em uma relação abusiva, isso é quase impossível. Portanto, no término você deve minimizar todos os efeitos causados a eles e evitar cometer, mesmo que inconscientemente, atos de alienação parental. Não expresse sua raiva para seus filhos, trabalhe isso em você e blinde seus maiores tesouros dessa situação tão destrutiva.

14
RESSIGNIFIQUE A EXPERIÊNCIA

COM TUDO O QUE DISCUTIMOS até aqui, podemos concluir que não é fácil lidar com a experiência de viver um relacionamento abusivo. Você certamente sai dela com algum tipo de trauma, algo que ultrapassa a capacidade do indivíduo de elaborar aquilo que aconteceu. Esse processo varia de acordo com sua maturidade física e psicológica, mas uma coisa é certa: de toda situação ruim de nossa vida podemos extrair um aprendizado. Nada nos acontece por acaso e pessoa nenhuma passa por nossas vidas sem um propósito. Tudo é lição! Quando estamos muito imersos nessa situação, é difícil ter essa perspectiva, mas, dos nossos maiores desafios, tiramos grandes aprendizados. Esse caminho de superar um trauma e obter um aprendizado a partir dele é o que chamo de ressignificar a experiência.

Júlio é um amigo meu e trabalha como estrategista digital. Ele me contou que a história de ressignificação da relação tóxica dele foi a maior virada de chave profissional da sua vida. Seu pai era alcoólatra e eles não tinham uma boa condição de vida. Júlio foi pai muito novo e ficou muito tempo casado com a mãe do seu filho, com quem tem um bom relacionamento. Ao se separar, com seus trinta e poucos anos, se apaixonou e entrou em um relacionamento abusivo, e, com isso, acabou sofrendo todos os problemas comuns que contei ao longo deste livro.

Naquela época, ele estava no mercado digital e ouvia das pessoas que não seria capaz de atender empresas grandes, que era um sonhador e deslumbrado. Quando Júlio começou a empreender no segmento de lançamentos digitais, ele se lembrou de uma pessoa espiritualista e que falava de autoconhecimento, alguém que a ex-namorada admirava muito. Depois de um ano de negociação, fez o lançamento digital dessa pessoa e esse momento foi a grande virada da sua vida, pois passou a faturar muito com isso. Curiosamente, graças à ex-tóxica, ele conheceu o trabalho dessa pessoa e o lançou. Se não fosse a ex-namorada, ele não saberia quem era a profissional e jamais pensaria em trabalhar junto a ela. Portanto, além do aprendizado que diz respeito ao relacionamento abusivo, muitas vezes uma situação difícil pode trazer excelentes oportunidades paralelas.

O perdão pode ser fundamental nesse caminho de ressignificação, porque, enquanto você não perdoa, o vínculo com a outra pessoa é mantido. Esse ato não faz bem para o outro, mas para você mesmo, porque mágoas e ressentimentos se instalam em nossa mente e só atrasam nossa vida. Você deve estar pensando: "Mas como vou perdoar alguém que me fez tão mal?".

Eu sei que você está saindo dessa relação em pedaços, com a autoestima no chão, com culpa por não ter percebido, com raiva de tudo que te aconteceu. No entanto, remoer ainda mais as coisas só te prende a essa energia. Tudo que a gente vibra a gente atrai. Perdoar não significa que você deva reatar ou manter uma relação de amizade com a pessoa, mas deixar para lá o que aconteceu e olhar a experiência como um aprendizado. É pensar que foi uma tempestade da qual já passou e que você está saindo como um marinheiro mais bem preparado.

Uma relação tóxica, apesar de ser extremamente sofrida, serve para olharmos para algo na nossa vida que nem sempre enxergaríamos em outras condições. É a vida nos parando para que a gente reflita e se conheça mais. Você precisa viver o luto do fim do relacionamento, contudo de nada adianta ser a vítima para o resto da vida. Às vezes, se congelar nesse papel parece cômodo, para que você não corra o risco de sofrer outra decepção. Mas a vida e o amor são feitos de riscos.

Quer virar a página?

Ressignifique essa experiência se perguntando: "Qual é o aprendizado que tiro disso tudo?". Da sua maior dor pode vir o melhor ensinamento. Não é simples.

15
REAPRENDA A TER UMA RELAÇÃO SAUDÁVEL

AO LONGO DO PERCURSO que realizamos neste livro, você deve ter se deparado com muitos gatilhos que despertaram tristes recordações do que pode já ter vivido ou talvez ainda esteja vivendo. Não é para menos. Um relacionamento abusivo é tão destruidor e saímos tão machucados e traumatizados dele que esquecemos como é ter uma relação saudável e pensamos ser impossível sermos felizes de novo. A boa notícia é que, seguindo os passos que indiquei aqui, você conseguirá se abrir a uma nova relação.

Quanto a reaprender a amar de maneira saudável, voltamos ao que nos diz Bert Hellinger sobre os padrões de nossa família. Você deve recordar que ele diz que estamos em "boa consciência" quando seguimos esses padrões, o que não significa que nossa família esteja certa ou errada, apenas que fazemos de modo igual a ela. Quando agimos diferente, estamos na "má consciência".

Se o casal fica na "boa consciência", pensando que só sua família faz certo, dificilmente a relação prosperará, já que viemos de famílias diferentes e impor um padrão familiar ao outro é o caminho para o insucesso. Para ter um relacionamento bem-sucedido, é preciso romper com os padrões familiares de origem e criar um novo com o(a) parceiro(a).

Amanda foi criada por um pai machista de quem escutava que a mulher deveria ser sustentada pelo marido e somente cuidar da casa e dos filhos. Maurício foi educado por uma família em que as mulheres saíam para o mercado de trabalho e dividiam as contas do lar com o marido. Amanda e Maurício se apaixonaram e se casaram. Ela exigia ser sustentada e não queria dividir contas, como seu pai fazia. Ele parou de admirá-la por ela se dedicar exclusivamente a ser dona de casa, diferentemente das mulheres da sua família. A cada dia ela se tornava mais exigente e ele, mais insatisfeito. O casamento acabou.

Eles não souberam criar seu próprio padrão e conversar para traçar eventuais ajustes. Ao contrário, ficaram presos à "boa consciência", olhando somente para as próprias famílias, sem se olhar. Ficaram de costas um para o outro e não se reconheceram mais. Essa história é um exemplo de que, para um relacionamento ser saudável, as pessoas devem romper o padrão familiar, olharem-se e criarem o próprio padrão.

Ainda, Hellinger criou as ordens do amor, leis que regem as relações afetivas, familiares e laborais. São elas: pertencimento, hierarquia e equilíbrio entre o dar e receber.

A lei do pertencimento diz que tendemos a repetir esses padrões familiares para nos sentirmos pertencentes ao nosso clã ou incluir de modo inconsciente alguém que foi excluído de nosso sistema. Quando olhamos para isso, conseguimos corrigir esse comportamento.

A lei de hierarquia aponta que quem veio antes tem prioridade em relação a quem veio depois. Na relação de pais e filhos, os pais vieram antes, portanto, a família adoece quando um filho quer mandar no pai, por exemplo. O filho não precisa concordar com a opinião dos pais, mas sim a aceitar e não a querer modificar. Na relação entre irmãos, os mais novos são sempre os inovadores e os mais velhos, os protetores dos demais; quando a ordem é trocada, o sistema adoece por eles estarem fora de lugar.

A lei da hierarquia se conecta com as relações saudáveis ao pensarmos que, enquanto os relacionamentos anteriores não forem respeitados e resolvidos, os futuros jamais darão certo. O atual deve ter prioridade, senão a pessoa estará presa ao anterior. Devem ter prioridade somente os filhos das relações anteriores em relação ao parceiro atual, mas o anterior deve ser respeitado e não pode ser excluído. Daí a importância de superarmos os traumas oriundos de uma relação abusiva e ressignificar o passado, porque, enquanto questões do passado não forem trabalhadas, você não estará pronto(a) para uma nova relação.

A última lei é o equilíbrio entre dar e receber. Basicamente seria a reciprocidade, ou seja, dar na medida em que você recebe. Nas relações afetivas, cada um deve dar um pouco a mais para o outro, assim a relação cresce. Quando um dá demais, a relação se desequilibra. Aquele que deu vira um cobrador, enquanto aquele que recebeu demais se sente endividado, pensa que não pode retribuir ou que nem estava pronto para receber tanto e, por incrível que pareça, mostra a tendência de deixar a relação ou trair. Quem nunca ouviu aquela frase: "Fiz tudo por ela e ela me deixou"? Por isso, para ter um relacionamento saudável, quando você perceber que está se doando demais, dê um passo para trás em busca de equilíbrio. Assim como se você perceber que o outro está se doando demais, converse ou retribua, pois a troca precisa ser quase igualitária.

Esse equilíbrio de troca também pode ser negativo, o típico "chumbo trocado não dói", porém, nesse caso, trata-se de uma relação destrutiva. Um exemplo é o cara que trai a esposa e depois, como vingança, ela estoura o cartão de crédito dele. Depois disso, ela se sente vingada e não se separa. No equilíbrio de troca negativo, a vingança deve ser sempre menor que o ato que a motivou, para que essa dinâmica indesejada possa desaparecer.

Existem relacionamentos que duram anos com trocas negativas, lógica na qual os tóxicos também se encaixam. Com isso, melhor sair da relação do que tentar permanecer nesse ritmo. Para ser saudável, a troca deve ser a positiva; embora a negativa possa durar, só traz sofrimento para ambos.

Em seu livro *Uma vida feliz, um amor feliz*, Arnaud Desjardins, discípulo do sábio hindu Swami Prajnanpad, considera cinco condições para que os casais sejam felizes em seu relacionamento. A primeira delas é ter um desejo espontâneo de ver o outro bem. Casais que competem entre si tendem a fracassar na relação ou torná-la tóxica. Em vez disso, devem caminhar junto e demonstrar apoio mútuo. Amar é não competir e saber quando deixar o outro brilhar sozinho e ficar feliz por isso, é ver a felicidade do outro, e ela ser a sua também.

A segunda condição é que seja fácil. Temos a falsa ideia de que relacionamento que dá certo é aquele que começa difícil, mas não! Tudo que é para ser flui. Quando é seu número, não aperta, não sufoca, não exige um esforço extraordinário. Aliás, fácil quer dizer fluir sem esforço. Quando existem muitos atritos, tudo fica pesado. É claro que, para estar em uma relação, você deve fazer ajustes, sempre dentro da perspectiva realista de que ninguém muda ninguém. Porém, essas pequenas mudanças devem vir de modo natural, com leveza. Isso não significa que precisamos buscar a perfeição, mas ter em mente que aprendemos com todas as pessoas que passam pela nossa vida e, se esse processo for regado a amor e tranquilidade, melhor ainda.

A terceira é que o casal tenha uma natureza não muito incompatível, ou seja, as duas pessoas não podem ser muito diferentes, pois essas divergências pesam ao longo da relação se não forem bem equilibradas. Quando falo de natureza, estou me referindo à idade, condição econômica, residência, beleza, gostos, fase da vida em que cada um está. Por exemplo, se um quer ter filhos e o outro quer seguir trabalhando demasiado, há uma incompatibilidade. Quando um é bem mais velho que o outro, já viveu muitas experiências. É impossível dar certo? Não! Mas tudo fica mais complicado. Quanto mais compatível for a natureza das duas pessoas, mais fácil será o relacionamento dar certo.

A quarta condição é que o casal seja composto de verdadeiros companheiros. A amizade deve prevalecer independentemente de crises e constitui um fator importante para a manutenção do relacionamento, que não deve se basear apenas no desejo carnal. É o caminhar lado a lado: quando um acelera, o outro tenta acompanhar; ou aquele que acelerou para. É a parceria na vida, em que o casal olha para mesma direção.

A quinta condição é ter fé e confiança de que o outro não vai nos prejudicar e que não devemos o temer, desconfiar ou nos proteger dele. Todos estamos sujeitos a cometer erros, porque não somos seres perfeitos. Essa condição diz respeito a estar preparado para o eventual erro do outro.

Somente através de um ato de vontade é que você consegue viver um amor real. Quanto menos idealizado o amor, mais importante se torna a disciplina para fazer dar certo, pois o amor real é uma escolha diária. É aquele que promove não só a evolução da relação, mas principalmente nosso crescimento pessoal.

Para entender como sustentar esse amor real, vamos abordar as cinco linguagens do amor, do já citado escritor Gary Chapman. Em seu livro, Chapman diz que a forma como você se sente amado é a sua linguagem do amor, e saber qual é a sua e qual é a do seu parceiro faz com que vocês demonstrem o amor da forma correta, ou seja, de forma com que o outro se sinta amado.

A primeira linguagem do amor são as palavras de afirmação. Palavras de afirmação são os elogios verbais, as palavras de apreciações, os encorajamentos, as gentilezas, falar bem da pessoa para terceiros. Há quem só se sinta amado quando ouve: "Te amo", "Você é linda", "Você é o homem da minha vida", "Você faz muito bem seu trabalho", "Sempre estarei aqui para tudo que precisar", "Ela é perfeita". Se a pessoa não ouve ou lê algo assim, ela não se sente amada, porque é essa a forma como ela enxerga.

A segunda linguagem do amor é o tempo de qualidade. É o estar presente e de corpo inteiro, sem as distrações do cotidiano. Portanto, para aqueles que se relacionam com pessoas que precisam dessa linguagem, é importante: manter contato visual, não fazer outra coisa no tempo de vocês, prestar atenção no outro, observar a linguagem corporal e não interromper as atividades do casal. Quando a pessoa sente que o outro está ali de corpo e alma, ela se sente amada.

A terceira linguagem do amor são os presentes. Você deve estar julgando: "Nossa, que interesseira!". Porém, algumas pessoas só se sentem amadas quando recebem um mimo. Não estamos falando do valor do presente, mas de dar algo como uma forma de demonstrar amor. É como se isso mostrasse que vale a pena investir na pessoa amada.

A quarta linguagem do amor são os atos de serviço. É ser "pau para toda obra". A pessoa se sente amada quando o outro também cuida do filho, lava a louça da casa, arruma eletrodomésticos, troca lâmpadas, faz o almoço ou o jantar, lava a roupa. Através dessas atitudes, ela entende que é amada.

A quinta linguagem do amor é o toque físico. São as pessoas que precisam de um carinho, um abraço, um beijo ou até da relação sexual. O corpo existe para ser tocado, e esse toque pode até acabar com uma crise. A pessoa que se sente amada através dessa linguagem não precisa de presentes nem de ouvir elogios; ela precisa de carinho físico para se sentir amada.

Cada pessoa tem uma linguagem de amor predominante, porém as outras podem estar presentes em um grau menor. Quando descobrimos qual é a nossa e qual é a do nosso parceiro, podemos encaminhar melhor a relação. Lembra que relacionamento é um ato de vontade? Então, agir de acordo com a linguagem de amor do outro faz o relacionamento ser mais amoroso.

Para descobrir a sua linguagem, você deve se perguntar:

- O que o outro faz que mais me magoa?
- O que o outro faz que mais me agrada?
- O que eu peço com mais frequência?

Se você ama quando o outro te elogia, se é essencial ouvir um "eu te amo", a sua linguagem são palavras de afirmação. Se você se sente amado quando ela joga tênis com você, a sua linguagem é o tempo de qualidade. Converse também com a outra pessoa sobre o que você faz que a deixa feliz. Reciprocidade é o que faz as coisas darem certo.

Sabe por que muitas relações não funcionam? Porque as pessoas não se preparam para se relacionar.

Despejam no outro todas as suas expectativas e seus traumas, sem avaliar seus valores e princípios. Baseiam os relacionamentos exclusivamente nos desejos sexuais, mas não criam uma conexão emocional, e muito menos espiritual. Estabelecem relações superficiais, mas querem viver como se fossem profundas. Não alinham seus planos para o futuro.

Quando nos ligamos ao lado espiritual (independentemente do nome que damos a ele), os sinais chegam até a nossa vida. Quando meditamos e identificamos a sensação que aquela pessoa nos passa, as respostas chegam. Se antes do relacionamento conversamos por horas, dias ou meses com o pretendente, a chance de errar é muito menor, já que sabemos o que ele pensa e quais são os seus planos. Atualmente, quase ninguém tem paciência de conhecer verdadeiramente outra pessoa. Estamos na era das relações líquidas, com uma geração de pessoas insatisfeitas e relacionamentos superficiais.

A nossa felicidade não pode depender exclusivamente do outro. O outro sempre tem que vir para agregar mais leveza, sabedoria e alegria a nossa vida. Precisamos aprender a sermos felizes sozinhos para sermos felizes com alguém. Para ter um relacionamento saudável, você precisa primeiro focar em você, estar bem consigo, alinhado aos seus propósitos, para depois ser feliz com alguém. Aprender a se relacionar de maneira saudável é muito importante para conseguirmos nos precaver de entrar em uma relação tóxica.

Como vimos aqui, é primordial recordar sempre que o amor não deve machucar – nem em palavras, nem fisicamente – e que todos merecem um relacionamento saudável e tranquilo. Foi isso que busquei mostrar com este livro. Ao longo do percurso por estas páginas, minha intenção foi pegar na sua mão e dizer que você não está só nessa jornada dura e complexa que é se livrar de um relacionamento abusivo. Essa é uma realidade dolorosa que muitas pessoas enfrentam em silêncio enquanto estão fragilizadas demais para conseguir sair da situação sozinhas.

Se esse é seu caso, não tenha medo nem vergonha de solicitar auxílio. Caso você conheça alguém que precisa dessas palavras, ofereça este livro. Espero que esses conselhos façam você se inspirar a construir relações frutíferas que possibilitem a você e ao(à) seu(sua) parceiro(a) alcançar grandes conquistas e progredir em todas as suas metas. O processo de libertação pode exigir tempo e esforço, mas não é impossível se buscarmos ajuda e orientação, e é capaz de transformar positivamente nossa forma de enxergar a realidade e nossa capacidade de alcançar uma vida plena e feliz.

REFERÊNCIAS BIBLIOGRÁFICAS

BALDISSERA, Olívia. Modelo biopsicossocial: dê adeus à separação entre saúde física e mental, *Pós PUCPR Digital*, 9 jul. 2021. Disponível em: https://posdigital.pucpr.br/blog/modelo-biopsicossocial. Acesso em: 30 jul. 2023.

BAUMAN, Zygmunt. *Amor líquido:* sobre a fragilidade dos laços humanos. Rio de Janeiro: Zahar, 2004.

CALÇADA, Andreia Soares. Alienação parental: o abuso invisível. *Revista Especializada de Direito Civil*, n. 2, nov. 2017. Disponível em: https://ijeditores.com/pop.php?option=articulo&Hash=a7cf6c80dca5bd0fe0bd7fea3d35fc3b. Acesso em: 3 jun. 2023.

CHAPMAN, Gary. *As 5 linguagens do amor*. 3. ed. São Paulo: Mundo Cristão, 2013.

DESJARDINS, Arnaud. *Una Vida Feliz Un Amor Feliz*. Editorial Hara Press USA, 2003.

FREUD, Sigmund. *Além do princípio de prazer, psicologia de grupo e outros trabalhos*. Edição Standard Brasileira das Obras Psicológicas Completas de Sigmund Freud, vol. 18. Rio de Janeiro: Imago, 1996.

_____ (1922). Sobre alguns mecanismos neuróticos no ciúme, na paranoia e na homossexualidade. *In*: FREUD, S. *Obras Completas, volume 15*: Psicologia das massas e análise do eu e outros textos (1920-1923). São Paulo: Companhia das Letras, 2011, p. 209-224.

GARRIGA, Joan. *O amor que nos faz bem:* quando um e um somam mais que dois. Tradução de Sandra Martha Dolinsky. São Paulo: Planeta, 2014.

GIMENEZ, Ana Paula. *Divorciei, e agora?* São Paulo: Letra Mais, 2019.

HELLINGER, Bert. *Meu trabalho. Minha vida. A autobiografia do criador da Constelação Familiar.* São Paulo: Cultrix, 2020.

HELLINGER, Bert. *O amor do espírito na Hellinger Sciencia.* 4 ed. Belo Horizonte: Atman, 2017.

HELLINGER, Bert. *Para que o amor dê certo:* o trabalho terapêutico de Bert Hellinger com casais. 2. ed. São Paulo: Cultrix, 2006.

LOPES, Gabriel César Dias. Narcisismo, o conceito de flying monkeys e o comportamento social. *Cognitionis*, Miami, Flórida, v. 3, n. 3, sem. 1, 2020. Disponível em: https://revista.cognitioniss.org/index.php/cogn/article/view/51/49. Acesso em: 8 set. 2023.

RISO, Walter. *Apaixone-se por si mesmo.* 2. ed. Tradução de Sandra Martha Dolinsky. São Paulo: Planeta, 2017.

SILVA, Ana Beatriz Barbosa. *Mentes perigosas:* o psicopata mora ao lado. 2 ed. São Paulo: Principium, 2018.

SILVA, Ana Beatriz Barbosa. *Mentes que amam demais:* o jeito borderline de ser. 2. ed. São Paulo: Principium, 2018.

SUY, Ana. *A gente mira no amor e acerta na solidão.* São Paulo: Paidós, 2022.

ZANCAN, Natália; HABIGZANG, Luísa F. Regulação emocional, sintomas de ansiedade e depressão em mulheres com histórico de violência conjugal. *PsicoUSF*, Campinas, v. 23, n. 2, jun. 2018.

LEIS CITADAS NO LIVRO

BRASIL. Código Civil Brasileiro e Legislação Correlata. 2. ed. Brasília: Senado Federal, Subsecretaria de Edições Técnicas, 2008.

BRASIL. Decreto-Lei 2.848, de 7 de dezembro de 1940. Código Penal. Diário Oficial da União, Rio de Janeiro, 31 dez. 1940. Disponível em: https://www.planalto.gov.br/ccivil_03/decreto-lei/del2848compilado.htm. Acesso em: 31 jul. 2023.

BRASIL. Constituição da República Federativa do Brasil de 1988. Promulgada em 5 de outubro de 1988. Diário Oficial da União, Brasília, DF, 5 out. 1988. Disponível em: https://www.planalto.gov.br/ccivil_03/constituicao/constituicao.htm. Acesso em: 31 jul. 2023.

BRASIL. Lei n. 12.318, de 26 de agosto de 2010. Dispõe sobre a alienação parental e altera o art. 236 da Lei n. 8.069, de 13 de julho de 1990. Disponível em: https://www.planalto.gov.br/ccivil_03/_ato2007-2010/2010/lei/l12318.htm. Acesso em: 31 jul. 2023.

BRASIL. Lei n. 11.340, de 7 de agosto de 2006 (Lei Maria da Penha). Disponível em: http://www.planalto.gov.br/ccivil_03/_ato2004-2006/2006/lei/l11340.htm. Acesso em: 31 jul. 2023.

MÚSICA CITADA NO LIVRO

De quem é a culpa. Interpretada por Marília Mendonça. Escrita por Juliano Tchula e Marília Mendonça. Fonte: Som Livre.

Editora Planeta
Brasil | **20 ANOS**

Acreditamos nos livros

Este livro foi composto em Rooney e Citrus Gothic e impresso pela Gráfica Santa Marta para a Editora Planeta do Brasil em outubro de 2023.